지금 알고 있는 것을
그때의 엄마가 알았더라면

지금 알고 있는 것을
그때의 엄마가 알았더라면

초판 1쇄 인쇄일. 2010년 5월 25일
초판 2쇄 발행일. 2010년 6월 30일

지은이. 이원홍 외 13인
펴낸이. 김종길
편집부. 이혜선·임현주·이은지·이경숙
디자인부. 박시남·한지혜·김영미·박초롱·윤진숙
마케팅부. 김재룡·박용철·이민우
인터넷사업부. 현지선
홍보부. 한지선
관리부. 이현아·최현석

펴낸곳. 글담출판사
출판등록. 제7-186
주소. (132-898)서울시 도봉구 창4동 9번지 한국빌딩 7층
전화. (02)998-7030 팩스. (02)998-7924
홈페이지. www.geuldam.com
이메일. bookmaster@geuldam.com

값 11,000원
ISBN 978-89-92814-29-4 13370
잘못된 책은 바꾸어 드립니다.

「이 도서의 국립중앙도서관 출판시도서목록(CIP)은 e-CIP홈페이지(http://www.nl.co.kr/ecip)에서 이용하실 수 있습니다. (CIP제어번호:CIP2010001797)」

**우리 시대 부모 14인이
젊은 날의 자신에게 보내는 편지**

지금 알고 있는 것을 그때의 엄마가 알았더라면

이원홍 외 13인 지음

글담출판사

추천의 글

부모 됨을 성찰하는 계기가 되길

문용린 _ 서울대학교 교수

이 책은 열네 분의 부모님들이 자녀양육과 관련해 과거 자신의 모습을 반추하며 쓴 편지글들을 담고 있다. 수신자는 힘든 고빗사위를 넘고 있는 2~3년 전의, 또는 10여 년 전의 자기 자신들이다. 그리고 잘 성장해 준 지금의 자녀들이다.

어린 세 딸이랑 부인을 데리고 전세금을 빼내 1년씩 걸리는 세계여행을 두 차례나 다녀온 조영호 씨, 세계 장애인 수영대회 금메달리스트인 김진호 선수의 어머니 유현경 씨, 네 손가락의 피아니스트 이희아의 어머니 우갑선 씨, 9명의 아이를 입양한 한연희 씨, 마술사 이은결 씨의 어머니 안정숙 씨, 국가대표 역도 선수 장미란 선수의 어머니 이현자 씨, 두 아들을 베스트셀러 저자로 길러낸 전 KBS 아나운서

이정숙 씨, 가족 사물놀이패 공새미 가족의 김영기 씨 등 일반에 알려진 바 있는 분들의 편지 외에도 IMF 한파 속에서 출산 후 한 달 만에 회사에 복귀하고 열성적으로 아이를 키워 낸 싱글맘, 자퇴를 할 수밖에 없었던 중학생 딸을 일으켜 결국은 바라는 대학에 성공적으로 입학시킨 어머니 등 우리 주변에서 열심히 자녀를 키우며 살아가는 분들의 편지도 있다.

그 모든 편지 안에는 부모이기에 겪어 냈던 진솔한 이야기들이 눈물로, 웃음으로 넘실거린다. 회한으로, 환희로, 이 모두를 감싸안는 삶의 성찰로 녹아 흐른다.

그렇다면 이 책은 편지 형식을 띤 자녀양육 수기인가? 그렇지 않다. 자녀들을 훌륭하게 키워 낸 부모들의 성공 스토리는 서점에 넘쳐난다. 이 책은 그런 책의 긴 목록에 추가되는 그저 그런 책이 아니다. 등산에 비유하자면, 양육 수기는 정상까지 올라가면서 겪은 일을 시간 순서대로 죽 적어 놓은 것이라 할 수 있다. 그러나 이 책은 정상에 오른 후에 아래 봉우리들을 내려다보면서 그중 가장 고비가 되었던 한 지점을 골라 진땀나게 고군분투했던 시간들을 회고하고 있는 것이다.

   정상에서 굽어보면, 자신이 땀 흘리며 통과해 온 코스들을 일목요연하게 확인할 수 있다.

   그와 마찬가지로 양육의 힘든 고비도 막상 닥쳤을 때보다, 먼 훗날 회고해 볼 때 더 선명하게 드러나는 법이다. 누구나 자녀를 키우는 동안 힘든 시절을 겪게 된다. 불안 속에서 노심초사하는 일이 있고, 큰 위험 부담을 안고 양자택일해야 하는 때도 있다. 그런 고통의 시간을 다 보내고서 문득 돌아보면, 그때 그렇게 힘들어했던 자신의 모습이 안타깝기도 하고, 또 용케 버텨 낸 것이 대견하게도 느껴진다.

   이 책을 읽는 동안, 자식과 얽혀 있는 부모의 운명에 대해서 깊이 생각해 보는 시간을 가졌다. 힘들게 겪어낸 양육의 고통이었지만, 지나고 나면 여전히 더 잘해 주지 못한 것 같아서 마음이 아프고 죄스런 마음이 드는 것은 부모라는 운명 때문이라서 그런가?

   이 책에 실린 순수하고 지고한 부모들의 편지 열네 편은 독자들로

하여금 스스로 부모 됨을 성찰케 하는 계기가 되었으면 하는 바람이다. 특히 젊은 부모들에게 이 책을 적극 권장하는 바이다.

추천의 글

시간이 가르쳐 준 자녀 교육의 지혜

김국애 _ 가수 타블로의 어머니

꽤 오래전 미국에서 있었던 일이다. 한 유태인 아버지가 엇나간 행동을 하는 자식에게 벌을 주다가 살인 혐의로 수감되었다. 미국 사회는 그 아버지와 유태인 사회를 맹비난했다. 유태인 교민계에서는 대대적인 서명 운동이 일어났고, 마침내 변호인단이 결성되었다.

당시 그 결성문 중 한 대목이 매우 인상적이다.

"너희 미국인들은 너희 자식들을 너희 방법대로 자유분방하게 키워라. 우리는 자식을 징계하다가 본의 아닌 사고가 계속 일어난다 할지라도 탈무드에 입각한 교육방법을 결코 바꾸지 않을 것이다."

결국 미국 연방법원은 유태인 부모의 팔을 들어 주었다.

결성문의 요지는 징계가 없는 사랑은 사생자를 만들며 때론 아픈 징계도 사랑이라는 것이었다.

이와 같은 유태인의 교육관에 견주어, 한국의 부모들은 어떠한지 살펴봤음 한다. 성적 위주로 이루어지는 우리의 자녀교육은 안타까운 면이 적지 않다. 아이 셋을 키워 보니 탁월한 교육이 삶의 에너지는 되겠지만 행복의 안내자가 될 수는 없다는 걸 깨달았다. 우리나라 부모들도 자녀 성적이 아니라 자녀의 행복지수를 높이기 위해서 머리를 싸매고 노력했으면 하는 바람이다.

물론 나 역시 자녀교육의 지침이 뭔지, 또 어떻게 교육했는지 물으면 말문이 막히고 부끄럽다. 아이들이 어릴 땐 몰랐는데, 시간이 지나 되돌아보니 후회되는 일이 한두 가지가 아니다. 아마 이 글을 쓴 열네 분의 부모님도 마찬가지라 생각한다. 자식으로 인해 뼈아픈 눈물을 흘려본 기억이 없었다면 굳이 여기에 글을 실어야 할 이유가 없었을 것이다. 세상의 부모들을 위해 또 우리의 자녀들을 위해 용기를 내어 준 그분들께 존경의 박수를 보내고 싶다.

칭찬과 격려가 햇볕이라면 징계와 체벌은 물과 거름이라고 할 수 있을 것이다. 21세기의 주역이 될 우리 자녀들이 바른 정체성과 아름다운 인간애를 가지고 살아가기를 희망한다.

차례

추천의 글 · 문용린_서울대학교 교수 … 4
추천의 글 · 김국애_가수 타블로의 어머니 … 8

딸아이가 좀 더 편한 길로 갔으면 싶은 2년 전의 나에게 … 14
"네 속에 가두지 않아야
아이가 계속 성장할 수 있어."
| 미스코리아 진 & 하버드생 금나나의 어머니 | 이원홍 |

퇴교당한 아들 때문에 절망하는 서른네 살의 나에게 … 30
"'진호엄마'는 이 우주에서
너만이 할 수 있는 역할이야!"
| 장애인 국가대표 수영 선수 김진호의 어머니 | 유현경 |

딸들에게 더 큰 세상을 보여 주려는 마흔한 살의 나에게 … 51
"네가 항상 동경했던 넓은 세상은
장차 네 아이들이 활보할 삶의 무대야."
| 가족 세계 여행을 다녀온 솔빛별 가족의 아버지 | 조영호 |

마술사가 되겠다는 아들을 묵묵히 응원하기로 결심한 나에게 … 71

"부모가 끌어서 가는 길보다
아이가 선택해서 가는 길이 더 행복할 거야."

| 세계적인 마술사 이은결의 어머니 | 안정숙 |

어린 미란이와 다이어트 때문에 냉전 중인 서른아홉 살의 나에게 … 86

"아이는 부모의 기대가 아니라
자신의 소망을 먹고 자란대!"

| 국가대표 역도 선수 장미란의 어머니 | 이현자 |

중학교를 그만둔 딸 때문에 노심초사하는 나에게 … 104

"믿을 수 없는 상황에서도 믿어 주기!
엄마인 너만이 할 수 있는 일이란다."

| 중학교를 그만두고 대안학교를 선택한 딸을 둔 어머니 | 송정희 |

아이들의 조기유학을 위해 미국으로 떠나려는 마흔 살의 나에게 … 122

"영어는 수단일 뿐
목적은 아니라는 사실을 잊지 말자."

| 자녀와 조기유학을 다녀온 어머니 | 김희경 |

IMF 한파 속에서 출산한 지 한 달 만에 출근한 나에게 … 140

"'워킹'과 '맘' 사이에서
균형을 찾아야 해."

| 싱글맘 & 워킹맘 | 박소원 |

아이를 방치한다는 말에 충격받은 5년 전의 나에게 … 160

"네 교육 방식은 틀린 게 아니라
조금 다를 뿐이야."

| KBS 〈퀴즈 대한민국〉 최연소 퀴즈영웅 신정한의 어머니 | 서정희 |

세계 일주와 아이들 학업 사이에서 고민하는 마흔한 살의 나에게 … 178

"여행에서 얻은 자신감은
아이들 인생에 큰 자산이 될 거야."

| 가족 사물놀이패 공새미 가족의 아버지 | 김영기 |

쉰다섯 살의 우갑선이 대책 없이 용감한 서른 살의 우갑선에게 … 196

"생긴 모양이 다르다고 해서
무시해서는 안 돼!"

| 네 손가락 피아니스트 이희아의 어머니 | 우갑선 |

둘째를 입양하고 진짜 엄마가 되기 위해 시행착오를 겪는 나에게 … 218

"더 잘해 주는 것도
차별이란 걸 꼭 기억해 줘!"
| 7남 2녀를 입양한 어머니 | 한연희 |

세상을 등지고 아이들과 외딴 곳에 사는 10년 전의 나에게 … 232

"교육환경보다 더 중요한 건
부모의 관심과 노력이야."
| 외진 시골에서 쌍둥이 아들을 서울대학교에 입학시킨 아버지 | 김상배 |

모두가 '아니오'라고 하는 일에 '예'를 선택한 나에게 … 250

"엄마가 흔들리면 애들 교육은
죽도 밥도 안 돼."
| 두 아들을 베스트셀러 저자로 길러 낸 전 KBS 아나운서 | 이정숙 |

에필로그 · 조영호_솔빛별 가족의 아버지 … 276

이원홍

미스코리아진 & 하버드생
금나나의 어머니

딸아이가 좀 더 편한 길로 갔으면 싶은 2년 전의 나에게

"네 속에 가두지 않아야 아이가 계속 성장할 수 있어."

이원홍

•

중학교에서 가정 과목을 가르치는 선생님으로, 역시나 학교에서 체육 과목을 담당하는 남편과 만나 슬하에 아들 하나 딸 하나를 두었다. 학교에서 아이들을 가르칠 때도 그렇지만, 집에서 자녀를 키울 때 지키는 훈육 원칙 두 가지가 있다.

•

먼저 소질을 찾아 주는 일인데, 그러자면 아이에 대한 지속적인 관심과 세심한 관찰이 먼저 이루어져야 한다. 시간과 품이 많이 드는 이 일을 해내는 데는 아이에 대한 믿음이 크게 작용한다. 방향을 잘만 잡아 주면 아이들은 자신이 가진 그릇보다 더 큰 사람이 될 것이라는 긍정의 믿음 말이다.

•

다음은 가능한 한 아이들이 일찍 독립하도록 하는 일이다. 그녀는 자신의 독립 원칙을 벤 다이어그램으로 설명한다. 세 개의 원들이 만나 교집합을 이루는 벤 다이어그램처럼 가족 구성원들이 공동 영역은 긴밀하게 공유하되 나머지 개인 영역은 구속하지 말자는 것이다. 예를 들자면, 인생의 갈림길에서 "이 길이 네 길이니 여기로 가!"라고 지시하기보다, 결정은 아이가 하고 부모는 그 결정을 존중하면서 도와주되 정말 아니다 싶을 때는 "엄마 생각에 이 길은 아닌 것 같아. 한 번만 더 생각해 볼래?"라고 조언하는 것이다.

•

이렇게 키운 아이가 바로 2002년 의과대학생으로 미스코리아 대회에 출전해 진으로 선발된 금나나이다. 금나나는 하버드 대학 생화학과를 졸업하고, 콜롬비아 대학 영양대학원에서 석사 과정을 이수 중이다. 올 3월 하버드 대학 보건대학원 박사과정에 합격해 9월 부터 하버드 대학에서 공부할 예정이다.

딸아이가 좀 더 편한 길로 갔으면 싶은 2년 전의

나에게

"엄마……."
재작년 어느 날 전화기 너머로 나나의 목소리를 들었을 때
너는 이미 나나가 어떤 말을 할지 알았어.
'아, 의과대학원에 떨어졌구나!'
너는 일부러 씩씩한 목소리로 통화를 끝내고
수화기를 내려놓았지. 그러면서 이런 생각을 떨칠 수 없었어.
'만약 나나가 한국에서 의대를 졸업했더라면,
벌써 의사가 되었을 텐데…….'
그러나 너는 금세 고개를 저으며 속으로 외쳤지.

> "나나야, 네가 선택했으니
> 끝까지 살아남아라.
> 중간에 보따리 싸는 일은 없어야 한다!"

'정신 차려, 이원홍! 아직도 네 딸을 모르니?'
그래, 요즘 나나는 선택의 기로에서
힘겨운 나날을 보내고 있을 거야.
하버드 대학 졸업을 앞두고 의과대학원에 지원했지만
무려 스물여섯 곳에서 고배를 마시고 말았어.
자신이 원하는 것은 거의 다 이루며 살아온 나나에게는
정말 견디기 어려운 고통이겠지.
물론 타국에서 혼자 마음 아파할 딸애를 생각하는
네 마음은 더 아플 거고.
이런 상황에서 유학을 가지 않았으면 어땠을까 하고
상상하는 건 당연해.
그간 편한 길로 접어들만 하면 험한 길에 도전해 온 아이가
바로 나나이니까.

그런데 원홍아,
사실 너한테 이런 상황은 처음이 아니잖아.
예전에도 이와 똑같은 경험을 했고, 이미 결론을 내린 적도 있어.
나나가 고등학교 땐데, 생각나지?
당시 나나는 일반고와 특목고를 놓고 고민하다가
특목고를 선택했고, 그런 뒤에는 다시 외국어고와 과학고를 놓고
저울질했어.
그때 너는 나나가 외국어고를 선택할 거라고 예상했지.
나나가 수학이나 과학 계통보다는 외국어에 관심이 더 많았고
성적도 좋았으니까. 그런데 나나는 과학고를 선택했어.
너와 남편은 나나의 결정에 동의하긴 했지만 내심 걱정을 했지.
"나나야, 네가 선택했으니 끝까지 살아남아라.
꼴찌를 해도 상관없다. 하지만 중간에 보따리를 싸선 안 돼."
과학고를 선택한 나나에게 너희 부부가 당부한 말은

> 네 바람대로 나나는 도전을 즐기며
> 자신의 삶을 디자인하고 있어.

끝까지 살아남으라는 것이었어.
그 바람대로 나나는 살아남았지.
과학고를 무사히 졸업하고 자신이 원하는
의과대학에 합격했으니까.
그렇게 되기까지 얼마나 많은 어려움이 있었는지는
네가 잘 알 거야.
최선을 다해 공부했는데도 과학고에서 받은 나나의 첫 성적은
46명 중 16등이었으니까.
믿을 수 없는 현실 앞에 나나는 엉엉 울었고,
너는 그런 나나를 꼭 안아 주었지.
16등도 잘한 거라고 말하면서 말이야.
그러면서도 너는 '공부하는 것을 좋아하는 나나가
행여 공부를 싫어하게 되면 어쩌나.' 하고 속으로 걱정했어.
다행히 나나는 공부를 포기하지 않았지.

성적 스트레스 때문에 원형탈모증과 폭식증으로 고생하면서도
자신이 선택한 길을 꿋꿋하게 걸어갔어.
한국 대표로 APEC 과학축전에 참가하면서부터
자신감을 회복한 나나는 이후 각종 경시대회에 도전하면서
공부의 즐거움을 찾았지.
물론 과학고에서 겪은 수난은 이것뿐만이 아니야.
대학입시제도가 바뀌면서 수능 비중이 낮아지는 대신
내신과 심층면접 비중이 높아졌잖아.
그래서 특목고 학생들이 대거 자퇴하는 사태가 일어났어.
하지만 나나는 과학고에 남기로 결정했고,
그런 나나를 넌 이렇게 격려했지.
"그래. 우리, 대학은 점수에 맞춰서 가고 대학 가서
열심히 공부하자.
여기서 공부한 거 어디 가겠니?"

이원홍

> 노력하지 않으면 좌절 또한 없을 거야.
> 네가 바라는 게 그런 건 아니잖아.

그러면서도 속으로는 아차 싶었어.
일반고에 갔더라면 내신 때문에 고민할 일은 없었을 테니까.
하지만 나나는 외풍에 굴하지 않았고,
그 결과 자신이 그토록 원하던 의과대학에 합격했어.
그런 과정을 함께 통과하면서 너희 부부가 내린 결론이
뭐였는지 기억나니?
이런저런 우여곡절이 많았지만 과학고에서 터득한
자기주도적인 공부법은 앞으로 나나의 인생에
큰 밑거름이 되리라는 거였지. 이것으로 족하다고.
훗날 나나가 하버드 생활을 견뎌낸 것은 과학고의 힘이었잖아.
그러니까 지금 나나의 좌절과 고통을 보면서
엄마로서 마음이 찢어지더라도 너무 걱정하지는 마.
그리고 후회하지도 마.
부석사 큰스님 말씀대로 후회는 비겁이야.

그간 너는 나나를 독립적인 사람으로 키우려 노력했고,
네 바람대로 나나는 도전을 즐기면서 자신의 삶을
멋지게 디자인하고 있어.
노력하지 않고 도전하지 않으면 좌절 또한 없을 거야.
네가 바라는 게 그런 건 아니잖아.
너도 인정하는 것처럼
나나를 네 속에 가두지 않았기 때문에
그 아이가 계속 성장할 수 있었던 거야.
그리고 지금도 성장 중이야.

원홍아, 코이라는 물고기 기억나지?
작은 어항에서는 5cm까지 자라고,
수족관이나 연못에서는 25cm까지 자라지만,
강물에 방류하면 무려 120cm까지 자란다는 물고기.

> 나나는 스스로 어항과 연못을
> 박차고 강물로 나간 거야.
> 그 길에 좌절이 없다는 게 말이 되니?

나나는 제 스스로 어항과 연못을 박차고 강물로 나간 거야.
그 길에 좌절이 없다는 게 말이 되니?
그러니 지켜보자.
나나가 스스로 자신의 길을 찾아갈 수 있도록.
하루하루 반성은 하되
후회는 하지 않겠다는 다짐 잊지 말고.

 나나야 보렴!

나나야,

10년 전을 돌이켜 보니 우리 딸의 인생도 엄청난 에너지를 발산했구나. 전혀 생각지도 않았던 미스코리아 진으로 뽑혀 활동도 했고. 엄마는 아직도 그런 네 모습이 생소하지만, 참 자랑스러웠단다.

그리고 불가능하다고 여겼던 하버드 대학에 합격해서 아주 잘 견뎌내고 졸업까지 하게 되었지. 하지만 네 졸업식을 엄마가 마냥 기뻐할 수만은 없었다는 거 너도 알고 있지? 네가 그토록 원하던 의과대학원에 진학하지 못해서 말이야. 옆에서 지켜보던 엄마는 그런 네가 얼마나 안쓰러웠는지……. 이런 과정을 거쳤기에 최근 하버드 대학원 합격 소식은 우리에게 큰 기쁨을 주었어.

인생에는 지름길이 있으면 반드시 굽은 길도 있다는 것 너도 알고 있을 거야. 지름길로 가면 편하고 좋겠지만, 굽은 길로 가면 지름길로 갈 때는 볼 수 없던 것들을 보고 느끼고 체험할 수 있다는 것을 다시 기억했으면 좋겠구나. 아마 지금 돌아가는 이 길은 너에게 좋은 공부가 될 것이라고 엄마는 믿는단다. 그러면서 인생은 알차지는 것 아니겠니?

나나야,

조급해하지 말고 이제는 네가 진정 무얼 좋아하는지 찾아봐. 행여 엄마나 아빠, 선생님께 보답해야 한다는 생각으로 네 진로를 정하진 마. 이제 그런 짐들은 다 내려놓으렴. 너 자신의 내면의 소리에 귀를 기울여 봐. 진정으로 네가 원하는 공부가 무엇인지……. 엄마는 네가 어떤 선택을 하든지 항상 널 응원할 테니까.

편지를 쓰다 보니 네가 초등학교 1학년 때가 생각나는구나. 너도 기억날지 모르겠다. 여름방학 때 일이야. 그때 엄마는 고등학교 언니들을 가르치느라 정신이 없었어. 그래서 개학을 일주일 정도 남겨 놓고 겨우 시간을 내서 네 숙제를 점검할 수 있었어. 그런데 네 일기장을 본 엄마는 기가 막혔단다. 일기라고 써놓은 게 겨우 4일치였거든. 방학을 한 뒤 4일.

"나나야, 너 어떡할래? 그냥 이대로 가져갈래, 아니면 지금이라도 쓸래?"

너는 잠시 생각하더니 말했어.

"써야죠, 엄마."

그러고는 너는 방학 동안 있었던 일을 곰곰이 생각하며 하루에 며칠 분량씩 일기를 쓰더구나. 한여름에 땀을 뻘뻘 흘리면서도 절대로 포기하지 않았어. 일기를 다 쓴 너는 다음부터는 일기를 미루지 않겠다고 반성했어. 그 모습을 보고 엄마는 결심했단다.

'아, 이 아이는 자기 할 일을 끝까지 하는구나. 걱정 안 해도 되겠다. 혼자서 스스로 공부할 수 있도록 해주자.'

그 후로 엄마랑 아빠는 너에게 뭘 하라고 시키지 않았어. 네가 뭘 하고 싶다고 하면 힘닿는 대로 해주려고 했을 뿐이지. 그때마다 참 행복했단다. 엄마는 지금도 마찬가지야. 아니, 그때보다 훨씬 더 많이 널 믿는단다. 이제는 네가 훌쩍 자라서 엄마보다 더 크게 멀리 보는 사람이 되었잖아.

봄이 오니까 따뜻한 햇살과 함께 여기저기서 생명의 기운이 느껴지는구나. 네게도 좋은 소식이 들려와 기쁘구나. 힘든 시기를 잘 넘겨줘서 고마워. 올해도 베란다에는 네가 좋아하는 군자란이 꽃을 피울 준비를 하고 있단다. 꽃이 피면 그 예쁜 모습을 사진에 담아 파일로 보내줄게.

나나야,

아무리 힘들어도 의기소침하지 말고, 너무 좋아도 들뜨지 말고, '무심(無心)으로 현재(現在)에 충실하라.'는 글귀를 잊지 말렴.

사랑한다, 나나야.

유현경

장애인 국가대표 수영 선수
김진호의 어머니

퇴교당한 아들 때문에 절망하는 서른네 살의 나에게

"'진호엄마'는 이 우주에서 너만이 할 수 있는 역할이야!"

유현경

●

장애인 국가대표 수영 선수 김진호 어머니. 김진호 선수는 자폐성 장애 2급으로 우리나라에서는 최초로, 아시아태평양 장애인 경기대회, 세계지적장애수영선수권대회 등의 장애인 세계대회에 출전해 금메달을 석권한 실력파이다. 현재 지적장애 수영 배영 200m부문 세계 랭킹 1위로 세계신기록 보유자이며, 지금은 ㈜모티브비즈 소속 선수로 활약하고 있다.

●

김진호 선수가 네 살 때 자폐 판정을 받은 이후, 유현경 씨는 아들의 조력자로서의 삶을 살고 있다. 김진호 선수는 무엇 하나 처음 입력시키는 것이 어려워서 그렇지, 한번 입력된 정보는 절대 잊지 않아서 바꾸는 것이 어렵다.

●

사정이 이러하다 보니 그녀는 아들에게 거울과 같은 존재여서 행동과 말에 세심한 주의를 기울인다. 늘 본이 되는 삶을 살기 위해 노력하고, 약속을 하기 전에 지킬 수 있는 약속인지 아닌지를 신중히 판단한다. 아들과 맺은 약속은 하늘이 두 쪽이 나도 지켜야 하기 때문이다.

●

그녀는 아들을 통해 단순하게 그리고 진실하게 사는 삶을 터득하면서 불가능이라는 장애물을 넘는 법을 배우고 있다.

퇴교당한 아들 때문에 절망하는 서른네 살의
나에게

지금 네가 얼마나 엄청난 절망감에 빠져 있을지
생각만 해도 가슴이 무너져 내릴 것만 같구나.
삶의 벼랑 끝에 서본 사람만이 이해할 수 있는 그 절망감을
나는 충분히 이해할 수 있어.
아마도 지금 네가 느끼는 절망감은
진호가 처음 장애 진단을 받았을 때보다 더 클지도 몰라.
한 줄기 희망마저 사라져 버렸다고 생각될 테니까.
진호가 장애 진단을 받은 후,
다행히도 넌 절망의 고비를 무사히 넘기고

> 오직 진호가 건강해지길 꿈꾸며
> 희망을 끈을 놓지 않고
> 열심히 앞만 보며 달려왔어.

지금까지 누구보다 열심히 살아왔어.
진호에게 좋다는 거라면 물불을 가리지 않고 뭐든 다 해보려 했고,
희생을 감수하고서라도 동분서주하며 쫓아다녔지.
오전에 유치원을 시작으로 오후 늦게까지 이어지는
특수 치료 교육까지 한시도 진호 곁을 떠나지 못하고
종종걸음 치느라 온몸이 파김치가 되어 집으로 돌아오곤 했지.
과로가 겹쳐 심한 몸살감기를 앓을 때에도,
그 많은 노력과 수고에도 좀처럼 변화되지 않는 아이의 모습을
바라보며 무력감에 빠져 현실로부터 도망쳐 버리고 싶다는
유혹을 느낄 때에도,
특수 교육을 받기 위해 오가는 서너 시간 동안
잠시도 수많은 돌발 상황과 따가운 눈총을 마주칠 때에도,
넌 오직 초등학교 입학 후 건강한 진호의 모습만을 꿈꾸며
잠시도 희망의 끈을 놓지 않았어.

아이의 건강한 미래를 기대하며 부모로서 할 수 있는 한
최선을 다하는 것이야말로 엄마의 역할이라 여기면서
정말 열심히 앞만 보고 달려왔을 거야.
그렇게 하다 보면 어느덧 진호가 초등학교에 입학해
적응하는 시간을 갖게 될 테고,
또다시 그런 시간들이 흐르고 나면 언젠가 진호도
다른 아이들처럼 변해 있을 거라는
막연한 기대감을 가지고 말이지.
그런데 수소문 끝에 입학한 학교에서 불과 40일 만에
쫓겨나고 말았으니, 그 절망감을 뭐라 다 말로 표현할 수 있겠니?
아마도 지금은 그런 결정을 내린 담임선생님이
무척 원망스러울 거야.
아니, 지난 9년이라는 세월 동안 쌓아올린 공든 탑이
순식간에 무너져 내리는 것 같은 허탈감을 감당하기 힘들 거야.

> 그런데 바로 오늘
> 한 줄기 희망마저 사라져 버렸어.

그 어떤 말로도 위로가 되지 않겠지만,
그래도 너보다 먼저 그 길을 걸어온 선배로서
내 경험이 네게 큰 힘이 되었으면 하는 간절한 마음으로
이렇게 편지를 쓰기로 결심했어.

내가 알고 있는 넌 학창시절 많은 꿈을 가지고 있었지.
타고난 능력과 상관없이 자존심과 승부욕만큼은 누구보다 강했고,
목표를 향한 집념은 타의 추종을 불허했어.
어릴 때부터 언니 오빠보다 부모님의 사랑을 덜 받고 자란 게
네 자신이 부족해서인 것 같아,
결혼해서 아이를 낳고 난 후에라도 반드시 너의 꿈을 이루어
부모님과 주위 사람들로부터 인정받고 싶었을 거야.
그 꿈은 진호가 장애 진단을 받던 날 어이없이 산산조각 나버렸어.
잠시라도 눈을 떼면 삽시간에 안전사고를 치고 마는

시한폭탄 같은 아이를 데리고 네 꿈을 이룬다는 건
절대 불가능한 일이었으니까 말이야.
친구들과 비교해서도 넌 졸지에 가장 뒤처진 낙오자의 신세였고,
'축복'이 아닌 '저주'로 돌변한 아이의 출산은
네 인생의 가장 큰 걸림돌이었지.
그래도 포기하지 않고 고통스러운 현실로부터 벗어나려고
최선을 다한 건 그나마 네 특유의 강한 정신력과
불굴의 의지 덕분이었다고 생각해.

현경아,
세상엔 사람의 노력으로 피해 갈 수 있는 고난과
그렇지 못한 고난이 있어.
지금 네가 처한 현실은 후자의 고난이라 할 수 있겠지.
사람들은 흔히 피할 수 없는 고통이라면 즐기라고들 하는데,

> 다른 사람과 비교해서는 안 돼.
> 비교는 사람을 결코 행복하게 할 수 없단다.

그게 어디 말처럼 쉬운 일이니?
하지만 그것이 고통이 아니라 네게 주어진 역할이라고
생각한다면 문제는 달라질 거라고 생각해.
이를테면 우리 몸을 한번 생각해 봐.
눈은 눈의 역할이 있고 발은 발의 역할이 있지.
눈이 스스로 발이 되지 못하는 것만을 한탄하며
정작 자기 역할을 제대로 하지 않는다면 어떻게 될까?
반대로 눈이 스스로의 역할을 깨닫고
눈으로서의 역할을 충실히 잘할 때,
그리고 몸의 모든 장기가 그와 같이 할 때 비로소 그 사람은
존귀하고 아름다운 인생을 살 수 있을 거라고 생각해.
마찬가지로 세상에는 헤아릴 수 없이 많은 직업과
다양한 역할이 있어.
네가 하고 싶었던 일들, 이루고 싶었던 꿈들을

한번 곰곰이 생각해 보렴.
그런 일들은 이미 많은 사람들이 너무나 잘하고 있지 않니?
굳이 네가 하지 않아도 말이야.
하지만 '진호엄마'란 역할은 어떨까? 너에게만 주어진 역할이야.
그 역할을 대신할 수 있는 사람은 이 세상
아니, 이 우주 어디에도 존재하지 않아.
더욱 중요한 사실은 그 역할을 잘할 사람도,
잘 못할 사람도 바로 너라는 사실이야.
어리석게도 사람들은 자신에게 주어진 역할의 중요성을
깨닫지 못한 채, 끝없이 다른 사람과 비교해
아까운 시간들을 낭비하며 스스로를 불행의 구렁텅이로
몰아넣는 우를 범할 때가 많아.
비교는 사람을 결코 행복하게 할 수 없단다.
네 잎 클로버의 행운을 얻기 위해 수많은 세 잎 클로버의 행복을

> 네 잎 클로버의 행운을 얻기 위해
> 수많은 세 잎 클로버의 행복을
> 놓쳐 버리는 것처럼 말이야.

놓쳐 버리는 것처럼 말이야.
그동안 너는 열심히 한다고 하면서도
진호로부터 자유로워지기만 하면
언제든 이루지 못한 네 꿈을 향해 달려가려고만 했지.
그럴 때마다 네 자신의 꿈과 비교해
얼마나 진호를 진심으로 사랑했는지 스스로에게 물어봐.
비록 지금은 진호가 표현할 수 없어서 잘 알 수 없을 테지만,
누구보다도 진호는 엄마의 마음을 잘 알고 있어.
어쩌면 장애가 없는 다른 아이들보다 몇 배나 더 예민하게
느끼고 있을걸?
네가 불안해하는 만큼, 아니 그 이상으로
엄마의 사랑을 잃어버릴까 봐 진호 역시 많이 불안해할 거야.
자기를 향한 엄마의 사랑에 대한 확신이 드는 순간부터
진호는 굳게 닫아 놓았던 마음의 문을 서서히 열기 시작하겠지.

그러니까 그 순간이 올 때까지 절대 포기하지 말고,
있는 그대로의 진호를 사랑하면서
먼저 다가가야 한다는 걸 잊지 마.
엄마의 근심에 찬 마음을 아는지 모르는지
쌔근쌔근 잠든 진호의 평화로운 얼굴을 한번 자세히 들여다보렴.
험한 파도에 갇힌 외딴 섬처럼
단단한 껍질 속에 갇혀 불안과 공포에 떨 때,
세상 그 누구도 그 아이의 생각과 마음을 알 수 없다 할지라도
끝까지 포기하지 않고 세상과 소통하도록 이끌 수 있는 건
바로 너뿐이라는 사실을 기억하길 바라.
아무도 할 수 없는, 오직 이 우주에 너만이 할 수 있는
역할이라는 사실을 말이야.
그러기에 네 자신이 얼마나 소중한 존재인지도…….

진호엄마는 오직 너뿐이라는 사실을 기억해.
그러기에 네 자신이 얼마나
소중한지도 잊지 마.

세상사 무엇이든 마음먹기에 달렸다고 하잖아.
우선 아이를 향한 네 마음과 생각을 바꿔서
아이를 바라보기 시작한다면 먼저 언어와 행동이 달라질 거고,
점차 너를 둘러싼 환경이 하나 둘 바뀌어 가는 것을
느끼게 될 거야.
진호엄마로서 새로운 인생의 목표를 세우고,
개척자의 마음으로 황무지를 개간하듯이
그 누구도 가지 않은 길을 헤쳐 나가는 거야.
결코 조급해하지 말고 멀리 바라보며 그렇게 천천히
시작하는 거야.
다른 사람과 비교해서는 안 돼.
지금부터 넌 주위 사람들과는 다른 아주 특별한 인생을
살기 시작하는 거니까.
용기와 자부심으로 가슴을 활짝 펴고 당당하게

세상을 향해 한 걸음씩 내딛는 거야.
그러다 보면 조금씩 길이 보일 거고,
오랜 세월 녹슬었던 톱니바퀴가 마침내 서서히 돌아가기 시작하면
이전에 미처 알지 못했던 벅찬 기쁨을 맛보게 될 거야.
작은 즐거움에서 큰 행복을 느끼게 될 거고,
사소한 일상에도 감사할 줄 아는 낮은 마음과
나보다 남을 훌륭하게 여기는 겸손함도 배우게 될 거야.
오래 참고 인내한 끝에 맺은 결실이 얼마나 달콤한
희열을 가져다주는지도 말이지.
진호엄마로 살아가면서 오랜 시간 동안 두고두고 느끼게 되는
수많은 성숙한 감정들이 네 삶을 얼마나 풍요롭게 할지
지금으로서는 감히 상상할 수 없겠지.
하지만 존재의 이유, 생의 뚜렷한 목표를 발견하고
그 길을 향해 최선의 노력으로 매진하는 삶은

> 먼 훗날 진호엄마로서 살아온 인생은
> 정말 행복한 삶이었노라고
> 감사하는 네 모습을 기대할게.

선택받은 자만이 누릴 수 있는 축복이라는 사실을 꼭 기억해.
먼 훗날 진호엄마로서 살아온 인생은
정말 가치 있고 행복한 삶이었노라고 진호의 손을 꼭 붙잡고
감사의 기도를 드리는 너의 모습을 기대하며,
마음속 깊은 곳으로부터 힘찬 응원의 박수를 보낸다.
넌 분명히 잘해 낼 수 있을 거야.
내가 늘 함께 할 테니까. 현경아, 사랑해, 파이팅!

 **사랑하는 내 아들 진호에게**

진호야!

엄만 이렇게 네 이름만 불러도 마음이 짠한 게 언제 어디서든 눈시울이 붉어지곤 한단다. 네가 얼마나 소중한지 미처 깨닫지 못했던 시절, 엄만 미련하게도 아무것도 모르는 네게 너무나 많은 상처를 주었어. 그때를 생각하면 쥐구멍에라도 들어가고 싶을 정도로 부끄럽고 미안해. 그런 엄마가 철들기만을 넌 그저 묵묵히 기다려 주었지.

다행히도 늦게나마 우리 진호가 엄마 인생에 얼마나 큰 선물인가를 알게 되었고, 널 통해 세상을 보고 느끼면서 너야말로 이 엄마 인생의 큰 스승이라는 사실을 깨닫게 되었어. 돌이켜보면 힘든 일도 많았지만, 우리만큼 추억이 많은 가족도 드물 것 같다는 생각에 어느덧 입가엔 미소가 번지는구나.

매일같이 이어지는 혹독한 훈련도 꾹 참고 건강한 모습으로 잘 이겨내며, 오늘도 "엄마, 다녀오겠습니다."라고 씩씩하게 인사하고 훈련장으로 들어서는 네 뒷모습을 대견하게 바라본단다.

세상에서 우리 진호만큼 주어진 일에 성실하게 최선을 다하는 사람이 또 있을까?

"안녕하세요, 프로 수영선수 김진호입니다."

얼굴 한가득 웃음을 띠며 우렁차게 자기소개를 하는 널 바라볼 때, 하루 훈련을 마치고 환한 얼굴로 들어서는 네 모습을 바라볼 때, 피곤한 엄마 등을 두드려 주며 '피곤하세요?'라며 까만 눈을 반짝일 때, 엄만 이 세상에서 가장 행복한 사람이 된단다.

진호야,

지금까지 세상 누구보다 성실하게 살아온 너. 그 성실함 뒤로 얼마만큼의 고통이 있었는지 엄만 잘 알고 있어. 언젠가 많은 시간이 흐르고 난 뒤 홀로 남게 될 진호가 더 강한 모습으로 살아갈 수 있도록, 엄마가 건강하게 네 곁에 있어 줄 수 있는 동안 조금씩 연습해 두지 않으면 안 되니까. 때론 그런 안쓰러운 마음 애써 감추며 냉정하게 널 대하려 했지.

  약한 엄마 마음을 들키기라도 하면 진호 마음도 나약해져서 이겨 내기 더 힘들 것 같다는 생각에 말이야. 그런 엄마의 마음을 알아주기라도 하듯이 넌 너무나 잘 견뎌 주었고, 또 그만큼 성장해 주었어.

  진호야,

  앞으로 살아가는 동안 힘든 일이 많이 생겨도 우리 손 꼭 붙잡고 잘 이겨 내기로 하자. 진호에겐 엄마가 있고 엄마에겐 진호가 있으니까 엄만 두려울 게 아무것도 없단다. 지금까지 해온 것처럼만 최선을 다하면 돼.

  미카엘 천사같이 늠름한 우리 진호.

  팔불출이라고 해도 좋아. 엄마 눈엔 우리 진호가 최고니까!

  진호야, 그거 알아?

  엄만 진호를 만나 너무 행복하고, 네가 내 아들로 태어나 줘서 너무나 감사하고 있어. 그리고 세상 어느 것과도 바꿀 수 없는 우리 소중한 진호를 아주 많이, 아주 깊이 사랑한단다.

조영호

가족 세계 여행을 다녀온
솔빛별 가족의 아버지

딸들에게 더 큰 세상을 보여 주려는 마흔한 살의 나에게

"네가 항상 동경했던 넓은 세상은
장차 네 아이들이 활보할 삶의 무대야."

조영호

●

"미래는 도전하는 사람의 것이다."라는 신념으로 두 차례에 걸쳐 도합 2년 동안 세계 50여 개국을 여행한 '솔빛별 가족'의 아빠다. 첫 여행은 가족 세계 여행을 계획한 지 3년 만인 1997년에 이루어졌다. 여행 멤버는 조영호 씨와 아내 노명희 씨, 그리고 초등학교 3학년생인 조예솔, 초등학교 2학년생인 조한빛과 조한별.

●

이들 가족은 비행기 표만 달랑 들고 대한민국을 떠나 327일간 27개국을 씩씩하게 여행했다. 여행 후 이들 부부는 자녀들에게 추억에 남을 고향을 만들어 주고자 제주도 애월 바닷가로 이사했다. 그러던 중 2002년 1차 여행 때 들르지 못한 나라들로 두 번째 가족 세계 여행을 떠났다. 두 차례 세계 여행을 하며 지출한 경비는 약 2억 원. 그러나 이들은 가족 세계 여행을 돈으로 환산할 수 없는, 가족 구성원 각자에 대한 소중한 무형의 투자라고 생각한다.

●

여행 전 《평화방송》과 《전자신문》 등에서 기자로 일했던 조영호 씨는 현재 한라산 기슭에서 녹차 밭을 일구는 농부로 일하고, 아내 노명희 씨는 시노래 작곡가로 활동 중이다.

●

여행 당시 초등학생이었던 '솔빛별' 세 아이들은 여행 후에 고입 검정고시를 거쳐 2005년 제주외고에 동시 입학한 뒤, 2008년 미국 보스턴 벙커힐 커뮤니티칼리지로 진학해 함께 공부하고 있다. 학비를 아끼기 위해 4년제 대학을 포기하고 2년제 커뮤니티칼리지에 입학한 것인데, 2010년 9월에는 각자 다른 대학으로 편입할 예정이다.

딸들에게 더 큰 세상을 보여 주려는 마흔한 살의
나에게

너는 지금 자신이 옳은 결정을 한 건지
심각하게 고민하고 있을 거야.
한창 초등학교 생활에 재미를 붙인 세 딸과 세계 여행을 가는 게
괜찮은 건지, 그것도 학업을 1년 간 중단시키고
온 가족 세계 일주 여행이라니…….
겨우 열 살과 열한 살짜리 딸아이들을 데리고 갈 생각을 하다니,
아마 하루에도 몇 번씩 긍정과 부정 사이를 왔다 갔다 하겠지.
선행학습이다 뭐다 해서 겨우 한글만 떼면
학원들을 순례시키는 우리네 교육 현실에서

> 세계 일주를 위해 학업을 중단시키는
> 간 큰 부모가 되겠다고?
> 나중에 아이들이 원망하면 어쩌려고.

아이들을 놀리는 간 큰 부모가 되겠다고?
나중에 아이들이 중학생이 되었을 때 너를 원망하면 어쩌려고.
선행학습을 한 친구들과 실력 차이가 벌어져서
열패감에 빠져 왜 선행학습 안 시켰냐고 대들면 어떡할 건데?
특히 너는 교육자의 아들로 컸잖아. 아내도 마찬가지고.
교장 선생님까지 지낸 분들인데 너의 딸들을 휴학시킨다면
그분들이 뭐라고 말씀하실까 걱정도 될 거야.
게다가 너 자신은 어떻고?
지금까지 십수 년간 일해 온 기자라는 직업,
사회적으로 인정받는 그 자리를 여행을 다녀오기 위해
박차고 나오겠다고?
여행 뒤에 복직할 수도 없을 뿐더러,
새 직장을 구하기도 어려울지도 모르는데?
더구나 1년 동안 들어갈 여행 비용도 고민이 될 거야.

누가 비용을 대신 내주지는 않을 테니까.
그리고 여태 한푼 두푼 모아 둔 적금을 깨는 게 아니라,
전세금을 빼서 여행을 떠나려고 하는 거니까.
물론 얼마 전 분양받은 자그마한 아파트가 한 채 있긴 하지만,
여행 다녀온 뒤 다시 들어가 살 집을 구하려면
목돈이 꽤 필요할 텐데…….
함께 세상을 두루 돌아보려면
너뿐 아니라 가족들 모두가 체력이 좋아야 할 텐데, 괜찮을까?
가족 중 누가 아프거나 하면 장기여행은 어려울 거야.
그럴 땐 어떻게 대처할지 대책은 충분히 세워 뒀겠지?
낯선 땅에서 아이들이 감기나 몸살, 풍토병에라도 걸렸을 때는
어떻게 할까? 상황에 따른 치료 방법에 대해서도
미리 생각해 두어야겠지. 물론 여행자 보험도 들어야 할 거고.
세계 여러 나라를 다니려면

> 여행을 다녀온 뒤에
> 네가 새로운 직장을 구할 수 있을지도
> 전혀 알 수 없는 상황임에도?

영어나 다른 외국어를 잘해야 할 텐데.
넌 지금 한국말 외에는 제대로 하는 게 없잖아.
영어는 대학을 졸업한 이후 10여 년 동안 거의 써본 적도 없고,
고등학교와 대학교 때, 그리고 독학으로 잠시 배웠던 독일어,
프랑스어, 일본어 등도 이젠 단어 맞추기 정도의 수준이잖아.
할 줄 아는 외국어가 없는데도 세계 여행이 가능할까?
혼자서 몇 나라를 여행하기도 벅찬데,
어린 세 딸과 아내까지 데리고 세계 여행을 다닌다면
힘들어도 여간 힘든 게 아닐 거야.
일단 여행을 떠나면 1년 동안 귀국하지 않고 죽 돌아다닐 거잖아.
그럼 짐도 보통 많은 게 아닐 텐데.
그것들을 가지고 다니는 것도,
하나하나 간수하고 보관하는 것도 보통 일이 아닐 거란 말이지.
이처럼 고민하고 해결해야 할 문제가 산적해 있네.

더욱이 가족이 1년 간 세계 여행을 다녀온 사례도 없잖아.
아마 주변 사람들이 네 계획을 들으면
십중팔구 미쳤다고 손가락질 할 거야.
특히 연로하신 어머니와 장모님께는 크나큰 근심거리를
안겨드리는 거겠지.
이런 상황에서 가족들의 허락을 받는 데도 쉽지는 않을 거야.
하지만 이 여행은 아내랑 아이들과 많은 시간을 함께 생각하고
고민해서 결정한 일이라는 걸 잊지 마.
무엇보다 가족의 후원은 너에게 큰 힘이 되겠지.
특히 너와 아내는 아이들에게 항상 새로운 세계를
보여 주고 싶어했으니까 참으로 뜻 깊은 시간들을 보낼 거야.
이런 거사에 대비한 수련 과정이었는지는 모르지만,
너와 아내는 아이들을 젖먹이일 때부터
이리저리 데리고 다니면서 세상 구경을 시켜 주었잖아.

> 온 가족이 세계를 여행하기에
> 최적의 시기를 놓치면 안 돼.
> 시간은 결코 우리를 기다려 주지 않아.

우리 가족들 별명이 '5분 대기조!'
"우리 속초에 가서 싱싱한 오징어 회 좀 먹고 올까?"
주말 저녁 퇴근해서 아내와 함께 저녁을 먹다가도
이런 식으로 네가 운을 띄우면,
그 순간 모든 식구가 5분 이내로 행장을 꾸려
즉시 떠날 준비를 마치곤 했지.
이처럼 어릴 적부터 여행 문화에 익숙해진 덕분에 아이들은
바닥에 머리만 닿으면 5분 이내로 곧장 잠을 잘 수 있는
배낭 여행자들이 다 되었어.
덕분에 4박 5일간의 아프리카 기차 여행이나
일주일간의 1만 킬로미터 남미 버스 여행,
그리고 110일간의 북미 대륙 종·횡단 자동차 여행까지
거뜬히 해낼 수 있었지.
너는 옳은 결정을 한 거야.

....

세계를 여행할 수 있는 시기는 이때뿐이야.
시간은 결코 사람을 기다려 주지 않아.
이제 결정한 대로 실행에 옮기는 일만 남았어.
너와 네 아내가 말했잖아.
"온 가족이 함께 넓은 세상을 보고 싶다."
그래, 다른 목적이 있는 게 아니야.
그것 하나만으로도 여행할 명분은 충분해.
너는 이른 새벽에 출근했다가 한밤중에 들어와
아이들 잠든 얼굴만 보는 것을 항상 미안하게 생각했잖아.
그러나 여행을 떠나면 하루 24시간, 365일 동안
예측불가의 상황 속에서 펼쳐지는 희로애락을
가족이 함께 체험할 수 있지.
그런 공동의 체험을 소중한 추억으로
오래오래 간직할 수 있다는 게 가족 여행의 가장 큰

조영호

아이들은
살아 있는 공부를 함으로써
스스로 자신들의 삶을 개척해 나갈 거야.

장점 아니겠어?
네가 가족들과 함께 세계 여행을 떠나면
다른 가족들도 용기를 얻어 여행을 떠나게 될 거야.
그리고 많은 사람들이 솔빛별 가족의 여행을 축복해 주고
부러워할 거고.
너는 이번 여행을 잘 마친 다음 5년 뒤에
아이들과 함께 다시 한 번 여행길에 나설 거야.
그때는 아이들도 훌쩍 커서 제 손으로 밥도 짓고
짐도 나르게 될 거야.
게다가 아이들이 비디오카메라로 찍은 영상이
케이블TV에 방영까지 될 거고.
그뿐인 줄 알아?
너의 세 딸들은 여행 중에 쓴 일기를 모아 책을 펴내고,
그 책은 나중에 중학생들이 읽어야 할 추천도서에도 선정되지.

아이들은 지구 위에서 사람들이 얼마나 다양한 모습으로
살고 있는지 생생하게 체험학습을 함으로써
자신들의 삶을 스스로 개척할 수 있는 능력을 갖게 돼.
그래서 여행 후에는 자발적으로 영어와 스페인어,
일어를 공부해 장차 세계인으로서
당당하게 살아나갈 준비를 하게 될 거야.
유태인 속담 기억나지?
"아이들에게 고기를 잡아 주지 말고 고기 잡는 법을 가르치라."
너는 아이들한테 넓은 세상을 보여 줌으로써
스스로 고기 잡는 법을 터득할 수 있는 기회를 제공해 준 거지.
네가 시골에서 태어나 항상 넓은 세상을 동경했듯이
너의 아이들도 장차 넓고 큰 세계를 무대로 살아가게 될 거야.
그렇게 된다면 앞서 고민했던 일들은
티끌처럼 보이게 되겠지?

> 아이들은 네 소유물이 아니야.
> 너에게 부모 노릇을 하도록
> 하늘이 점지한 생명들이지.

이번 여행을 다녀온 뒤 너는 또 한 번 뜻 깊은 여행을 할 거야.
그것은 장차 넓은 세계로 떠날 아이들한테
평생 잊지 못할 아름다운 조국과
정든 고향을 만들어 주기 위한 여행이지. 뭐냐고?
푸른 하늘과 넓고 넓은 바닷가가 있는
제주도의 한적한 마을로 이사를 가는 거야.
어린 시절 시골의 논둑길과 밭둑길을 뛰어다니며 컸던 너는,
아파트 단지 안에서 뿌연 하늘을 보며 크고 있는
네 아이들에게 기억에 남을 고향이 없다는 사실을
늘 가슴 아파했잖아.
사실 따지고 보면 네가 '내 아이들'이라고 표현하는 건 옳지 않아.
그 아이들은 너를 통해 이 세상에 태어나도록,
그래서 너에게 부모 노릇을 하도록 하늘이 점지한 생명들이지,
너의 소유물이 아니야.

따라서 너에게는 하늘로부터 위탁받은 그 아이들이
홀로 이 복잡하고 험한 세상에서 잘 살 수 있도록
이끌어 줄 의무가 있어.
그런 의무의 일환으로 네가 이 가족 여행을
계획하고 선택한 것이라고 생각해.
그러니 잡다한 살림살이와 온갖 근심 걱정 따위는
창고 안에다 넣어 두고 이제 가족과 함께 떠나는 거야.
인생은 어차피 길 떠난 나그네 신세 아니겠어?
우리가 애지중지하는 몸까지도 하늘과 부모님이
평생 우리에게 사용하라고 빌려 준 것이야.
우리는 자유롭게 자신의 의지에 따라 제 몸을 사용할 권한이 있어.
직장이나 학교나 다른 사람의 강요 때문에
자신의 몸과 마음을 속박하면서 산다면
훗날 너무 억울하고 슬프지 않겠어?

> 직장이나 학교나 다른 사람의 강요 때문에
> 자신의 몸과 마음을 속박하면서 산다면
> 훗날 너무 억울하고 슬프지 않겠어?

참 의미없이 살았다고 말이야.
의미있는 삶을 위한 뜻깊은 여행, 잘 다녀와!
아무 걱정 말고 건강하게 말이지.

 잘 자라준 솔빛별에게

솔빛별아, 너희들은 엄마랑 아빠의 믿음을 먹으며 자라난 꿈나무라는 거 아니?

엄마 아빠한테서 뛰어난 머리를 받은 것도 아니고, 무슨 끼를 물려받아 예능이나 스포츠를 잘하지도 못하지만, 우리는 너희들이 원하는 일이라면 뭐든 믿고 간섭하지 않았단다.

너희들이 어렸을 때 일이야. 엄마가 '거북이유치원'이란 이름으로 집에서 공부와 놀이를 가르친 적이 있단다. 그건 "내 아이는 직접 가르친다."는 '홈스쿨링 유치원'이 아니라, 한꺼번에 아이 셋을 유치원에 보낼 여유가 없어서 불법 개원(?)한 사설 유치원이었어.

그런 형편이면서도 너희들이 초등학교 2, 3학년이던 1997년과, 중학교 1, 2학년이던 2002년 이렇게 두 차례에 걸쳐 1년씩 학교를 중단하고 세계 여행을 떠난 것은 부모인 우리들에게도 큰 행운이었단다. 너희들은 연년생에다 쌍둥이인 덕분에 서로 친구 같은 사이여서 지루하지 않게 긴 여행을 견뎌 낼 수 있었어. 그러면서 너희 스스로 당번을 정해 필요한 일들을 척척 해내는 모습은 엄마 아빠의 눈에 정말 대견해 보였단다.

그렇게 두 번째 여행에서 돌아온 뒤, 너희들이 중학교를 자퇴하고 함께 도서관에서 공부해 모두 제주외국어고에 들어간 것도 여행에서 배운 자신감과 의지 덕분이라고 믿고 있단다. 물론 여행의 혜택이 거기서 멈춘 건 아니지.

당시 신설 학교였던 제주외국어고에 입학해서는 자력으로 유학반을 만들고, 장장 25쪽에 달하는 「미국대학 진학준비계획 리포트」를 작성했어. 그걸로 교장 선생님과 여러 선생님들을 설득해 유학을 준비하고 기어이 미국으로 건너갔지.

   그리고 너희들은 뉴욕주립대학을 비롯해 장학금을 주지 않는 몇 개의 대학에 합격했지만 학비가 저렴한 커뮤니티칼리지를 선택했어. 그리고 셋이서 함께 방을 얻어 자취하면서, 틈틈이 식당과 마트에서 생활비를 벌었지. 그렇게 고학을 하면서도 너희들 모두 매번 4.0 만점의 학점을 받았고, 지난 학기엔 두 명이 장학금까지 탔어. 엄마 아빠는 그런 너희들이 무척 대견하단다.
   학비와 생활비를 제대로 부쳐 주지 못해 부모로서 미안하다만, 여태 그래 왔던 것처럼 앞으로도 잘해 낼 거라 믿는다.
   지금 너희들이 세운 목표인 장학금을 주는 대학으로 편입해서 끝까지 공부하고 졸업하는 것, 아마 너희들이라면 거뜬히 해낼 거야.

   무엇보다, 엄마 아빠는 너희들이 하고 싶은 일을 하면서 세계인의 일원으로 값있고 즐겁게 살기를 바라. 그러자면 좀 더 긴 안목으로 인생을 바라보는 지혜와 노력이 필요하겠지.

인생을 앞서 살아가는 선배로서 한마디한다면……, 너희들 앞길은 너희들이 개척하기 나름이란다!

안정숙

세계적인 마술사
이은결의 어머니

마술사가 되겠다는 아들을 묵묵히 응원하기로 결심한 나에게

"부모가 끌어서 가는 길보다 아이가 선택해서 가는 길이 더 행복할 거야."

안정숙

-
세계적인 마술사, 일루젼 아티스트(Illusion Artist) 이은결의 어머니이자 (주)이은결 프로젝트 대표이사. 학창시절 본인이 공부에 소질이 없었기 때문에 자녀들에게도 공부를 열심히 하되, 잘해야 한다고 강조하지 않은 쿨한 어머니. 아들이 제대 후에 어딘가에 구속되지 않고 공연 준비와 연구에 몰입하고 싶다는 뜻을 밝히자, 아들의 꿈을 후원하는 마음으로 회사 운영에 참여하고 있다.

-
올해로 마술에 데뷔한 지 13년 차인 이은결은 빠른 손놀림과 재치 있는 말솜씨로 10대 때부터 '한국을 대표하는 신세대 마술사'로 주목을 받았고, 20대 초반엔 한국인 처음으로 국제 마술대회에서 그랑프리를 수상하며 세계로 무대를 넓힌 프로 마술사이다.

-
가족들의 지지와 지원으로 경기도 이천에 마련한 연습실에서 마술 연마와 공연 도구 제작에 집중하고 있다.

마술사가 되겠다는 아들을 묵묵히 응원하기로 결심한
나에게

'말리는 게 능사는 아니야.
은결이가 하고 싶다는 걸 하게 하자.'
1998년 여름, 고등학교 2학년인 은결이가 대학로에서
마술 공연을 한 이후에 너는 큰 결심을 했어.
그래, 잘했어. 정말 잘한 거야. 이렇게 결심하기까지
네가 얼마나 많이 고민을 했는지 알아.
중학교 때부터 마술에 푹 빠져 지내던 은결이가
마술사가 되겠다고 했을 때, 네 마음은 솔직히 그랬어.
"아무리 '사'자가 들어가는 직업이 좋다지만……."

'말리는 게 능사는 아니야.
은결이가 하고 싶다는 걸 하게 하자.'

그렇다고 네가 은결이에게 의사나 변호사가
되길 바란 건 아니야.
다만 마술사라는 길이 직업으로서는 험난해 보여 걱정한 거지.
너에게 마술은 명절 같은 특별한 날이나
텔레비전에서 볼 수 있는 '쇼'일 뿐이야.
게다가 요즘엔 영화와 뮤지컬에 밀려
명절에도 보기 힘들어졌어.
반면에 은결이는 마술은 종합예술이고
자신이 가야 할 길이라는 확신에 가득 차 있어.
"엄마, 마술이 앞으로는 영화나 뮤지컬처럼 사람들이 좋아하고,
인기가 높은 분야가 될 거예요.
이미 많은 나라에서는 그렇게 되어 가고 있어요."
그 말을 하는 은결이 모습이 너무나도 천진난만해서
넌 속으로 생각했지.

그 오랜 기간 한국에서 사람들에게 관심받지 못한 마술이
지금에 와서 무슨 수로 그렇게
인기 있는 분야가 될 수 있느냐고.
누구나 어릴 때의 꿈은 대통령, 박사, 우주인, 발명가
등등이듯이 은결이도 아직 어려서 그렇게
그냥 꿈을 꾸는 중이라고.
그런데 은결이는 고등학교에 들어가서도 꿈속에서 사는 거야.
아니, 전보다 더 마술에 심취해 있지.
밤을 새워 소품들을 만들고, 세계적인 마술사 공연이 담긴
영상들을 수도 없이 반복해서 보고 또 보고,
손이 마비될 때까지 연습을 하고 있어.
책가방은 교과서나 참고서 대신 마술 소품으로 가득하고,
선생님께 들키면 마술을 보여 주면서 꾸중을 무마하곤 하지.
마술학원에서는 또 어떻고?

그 외로운 시간
은결이 옆에는 마술이 있었어.

집에서는 자기 방도 치우지 않는 애가
학원 청소를 도맡아 하는 거야.
그리고 무언가 하나가 완성될 때마다
가족들 앞에서 자랑스럽게 보여 주곤 하지.
네가 보기엔 별것도 아닌데, 그 애는 뭐가 그리 대단한지
의기양양해하며 뿌듯해하는 거야.
'단순히 취미로 끝나겠지.'라고 생각하던 네겐
요즘 최대의 고민거리야.
은결이가 마술사가 되겠다니…….
그러면서도 네가 대놓고 반대를 못 하는 데는
나름대로 이유가 있지.
마술은 은결이에게 취미 이상이야.
평택에서 서울로 전학 온 후, 은결이에게 많은 일들이 벌어졌어.
은결이는 날이 갈수록 소심해지고 웃음이 적어졌어.

그때 기적처럼 은결이 곁에 마술이 찾아왔어.
마술을 통해 은결이는 웃음을 되찾았지.
그 아픔을 누구보다도 잘 알기에 너는 은결이로부터
마술을 떼어 낼 수 없는 거야.
네가 못 해준 걸 마술이 대신 해줬다는 죄책감 때문에…….

대학로의 야외무대에서 은결이 공연을 처음 본 날,
그 애는 정말 행복해 보였어.
네 기억에 서울로 이사 온 후
그렇게 행복해하고 활기에 넘치는 모습을 본 적이 없었어.
그래서 넌 결심했지.
'저렇게 좋아하는데 말리지 말자!'라고.
너무 먼 미래를 걱정하면서 은결이가 마술을 하는 게
좋은지 아닌지를 고민하지 말고,

> 먼 미래를 걱정하지 말고
> 은결이가 지금 하고 싶은 것을 하며
> 행복을 느끼도록 하는 건 어떨까?

지금 은결이가 하고 싶은 것을 하면서 행복을 느끼도록
하자고 말이야.
그러면서 너 자신을 위로했어.
억지로 마지못해 하는 일투성이인 현실에서
미치도록 하고 싶은 일이 있는 우리 은결이는 행복한 거라고.
수많은 오늘이 쌓여 미래가 되는 거니깐
오늘을 소중히 생각하며 최선을 다하자고.
물론 결심을 하고도 걱정이 산더미일 거야.
'행여 훗날 은결이가 왜 그때 자신을 말리지 않았냐고
원망하는 것은 아닐까?' 하는 염려부터
'마술사로 이 험난한 세상을 살아갈 수 있을까?' 하는 걱정까지
그간 네가 했던 고민들이 네 안에서
한꺼번에 요동칠 거야.
말처럼 쉽지 않겠지만 결정한 이상

다른 생각은 잠시 접고
네가 결심할 때 했던 생각을 잊지 말자.
또 앞으로 넌 어떻게 은결이를 지원해 줘야 하나 하는
걱정도 매우 클 거야.
너는 항상 은결이에게 부족한 부모라고 생각하니깐.
'어디 좋은 부모 되는 법을 가르쳐 주는 곳이 없을까?' 하고
두리번거릴 정도로 말이야.
좋은 부모라는 건 완벽한 부모는 아닐 거야.
원하는 길을 가게 하고,
행여 포기하면 다른 길을 권해 주려는 너의 결정도
네가 생각하는 것처럼 부족한 부모이기 때문에
내린 결정은 아니야.
부모가 끌어서 가는 것보다 아이 스스로 선택해서 가는 길이
더 행복할 거라는 네 소신에 따른 거잖아.

> 너는 항상 네가
> 부족한 부모라고 생각하지만
> 좋은 부모가 꼭 완벽한 부모는 아닐 거야.

정숙아,
꿈은 꾸는 만큼 커진다고 하잖아.
너는 그저 은결이가 하고 싶은 마술을 열심히 할 수 있도록
묵묵히 지켜 보며 지원해 주자.
그 길에서 은결이는 자기 길을 찾을 거야.
설사 그렇지 않더라도 마술로 인해
지금 은결이가 행복해하는 것으로 족하지 않을까?

 은결이에게

은결아,

　엄마도 오랜만에 예전의 기억을 떠올려 보는구나. 돌아보니 우리에겐 참으로 많은 일이 있었네. 우선 너는 그토록 하고 싶어하던 세계적인 마술사가 되었어. 그것도 우리나라뿐 아니라 세계 무대에서 이름을 알릴 정도로 유명해져 과분한 사랑을 받고 있는 마술사 말이야. 엄마는 네가 진심으로 자랑스럽구나. 한 번도 너에게 자랑스럽다는 말을 못해 아쉬웠는데, 이렇게 전하게 되어 기뻐.

　더욱 놀라운 건 마술사라는 직업은 꿈에도 상상하지 못했던 엄마가 지금은 '이은결 프로젝트'라는 회사의 대표가 되었다는 거야. 아직도 낯설지만 네가 그렇게 강조했던 마술의 세계를 조금이나마 이해할 수 있게 되어 엄마는 기쁘단다. 이젠 너와 내가 같은 세상을 보게 된 거니까.

  2005년, 네 손에 이끌려 아빠와 함께 갔던 라스베이거스에서 엄마는 네 말에 공감했어. 당시 내 눈앞에 펼쳐진 광경은 그야말로 환상적이었거든. 세상에나! 그 큰 공연장을 가득 메운 사람들이 모두 마술을 보러 왔다는 사실이 도무지 믿어지지 않더구나. 분위기는 또 어찌나 흥겹고 좋던지! 그렇게 대단한 무대에서 공연하는 네 모습을 보고 가슴 벅찬 감동을 느끼면서도 한편으로는 참 미안했단다. 누가 그러길, 부모의 의무는 다양한 분야를 자녀들이 체험할 수 있게끔 해주고 그 중 가장 적성에 맞는 것을 찾아 밀어 주는 것이라는데, 우리 집은 거꾸로 되었으니 말이야.

  2007년 데뷔 10주년 행사 때 넌 이렇게 말했지.

  "가장 힘들고 어려웠을 때 마술을 하면서 더 성장하고 더 깊이 뿌리를 내릴 수 있었던 것 같아."

  엄마는 네 말에 얼마나 많은 뜻이 담겨 있는지 잘 알아. 네가 가장 힘든 시기에 엄마가 신경 많이 써주지 못해 정말 미안해.

은결아,

엄마가 보기에 지금까지 넌 잘해 왔고 앞으로도 충분히 잘해 나갈 거라고 생각해. 특히 제대 후에 모든 면에서 성장한 너를 보고 엄마는 많이 뿌듯하단다. 네가 서른이어도 엄마에겐 항상 어린 막내아들인데, 그런 네게서 이제 제법 인생의 무게가 느껴지더구나.

지금까지 기초를 쌓기 위해 급하게 달려왔다면, 이제는 벽돌을 한 장씩 쌓는 마음으로 목표를 향해 나아갈 때야. 이 시기에는 무엇보다 초심을 잊지 말아야 해. 사람들이 널 좀 알아본다고, 제자들이 늘어난다고 해서 자만하면 안 돼.

엄마는 네가 마술을 시작할 때의 열정과, 오늘이 있기까지 겪어야 했던 힘겨운 과정들을 소중히 기억할 거라 믿어. 마술은 누구나 할 수 있는 값싼 눈속임이 아니라 끊임없이 노력하고 연습한 자만이 누릴 수 있는 귀한 재능이니까. 그리고 꿈은 누구나 꿀 수 있지만, 결코 노력 없이는 이룰 수 없다는 걸 너도 잘 알지?

꿈을 이루려면 무엇보다 건강해야 해. 너는 항상 긴장된 상태에서 지내고, 또 무대에 오르기 전에는 아무것도 먹지 못하니까 건강에 몇 배는 더 신경 써야 해.

은결아, 말로 다할 수는 없지만 중요한 시기에 잘해 주지 못해 정말 미안하다. 다행히 이제는 엄마도 아빠도 형, 누나들도 네 꿈을 지지하고 있잖아. 가족의 지지가 얼마나 중요한지 잘 알고 있는 우리 은결이가 다른 건 신경 쓰지 말고 연구와 연습에만 집중했으면 좋겠다.

너는 프로니까.

이현자

국가대표 역도선수
장미란의 어머니

어린 미란이와 다이어트 때문에 냉전 중인 서른아홉 살의 나에게

"아이는 부모의 기대가 아니라
자신의 소망을 먹고 자란대!"

이현자

-

누군가 길을 물으면 목적지까지 데려다 줘야 직성이 풀려 '오지랖'이라는 별명을 얻었다. 아들 하나 딸 둘도 오지랖과 신앙의 힘으로 키웠다. 아이들이 자신보다 어려운 사람을 배려할 줄 아는 마음을 가졌으면 하는 바람에서 생일이면 학교 친구 중 고아원 아이들을 집으로 초대해 잔치를 열었다.

-

날씬해 보이는 외모와 달리 전반적으로 골격이 매우 큰 편이다. 손도 웬만한 남자 손보다 크고, 치과의사가 놀랄 정도로 치아도 크고 튼튼하다. 어려서부터 달리기를 잘해 체육대회 때마다 대표선수로 활약했다. 남편 장호철 씨 역시 기골이 장대하고 힘이 좋아 젊은 시절에 취미로 역도를 즐겼다.

-

부부의 신체적 특징에 아버지의 배포까지 이어받은 자녀가 장미란 선수다. 원주 상지여중 3학년 말에 역도를 시작한 장미란은 2008년 베이징 올림픽 여자 역도 75kg 부문에서 인상 140kg, 용상 186kg을 들어 올려 합계 326kg으로 세계 신기록을 세웠다.

-

키 170cm, 몸무게 115kg의 장미란은 군살 없이 균형이 잘 잡혀 바벨을 들어 올리기에 가장 적절하게 훈련된 몸이라는 찬사를 받고 있으며, 《뉴욕타임스》가 꼽은 '올림픽에서 가장 아름다운 챔피언의 몸매 5인'에 선정되기도 했다. 올해 고려대학교를 졸업하고 성신여대에서 석사 과정을 밟을 예정이다.

어린 미란이와 다이어트 때문에 냉전 중인 서른아홉 살의
나에게

일을 마치고 집으로 돌아가는 네 발걸음이 가볍지 않구나.
일도 고되거니와 요즘 너는 미란이와
다이어트 때문에 엄청난 신경전을 벌이고 있기 때문이지.
어제도 너는 집에 도착해서 먼저 밥통을 열어 봤어.
생각보다 밥이 많이 줄어든 걸 보고
너는 미란이를 불러 다짜고짜 다그쳤어.
"미란아, 엄마랑 약속한 거 지켰니, 안 지켰니?"
거짓말할 줄 모르는 미란이는 그저 묵묵히 고개를 숙이고 있을 뿐
대답이 없었지.

너는 지금 엄마로서 최선을 다하고 있어.
하지만 중요한 건 미란이의 의지 아닐까?

너도 잘 알다시피 미란이는 그런 아이잖아.
부모 말 잘 듣고, 동생들 잘 챙기고, 자기 일 알아서 하는 순둥이!
그런 미란이가 다이어트에서만큼은
네 뜻을 따라 주지 못해 너는 더 속상해.
"엄마랑 밥 한 공기 이상 먹지 않기로 약속했어, 안 했어?
약속했으면 지켜야지, 왜 지키지를 못하니?"
화를 내면서도 너는 이미 후회하고 있을 거야.
살이 쪄서 가장 속상하고 힘든 건 미란이라는 걸
너도 잘 알고 있으니까.

현자야,
너도 이렇게 하기까지 갈등이 무척 많았을 거야.
'한참 클 나이에 얼마나 먹고 싶은 게 많을까?'
'아냐, 요즘같이 외모 따지는 세상에 엄마로서

이 정도 관리는 해줘야 해!'
결국 너는 후자를 선택했어.
딸을 둔 세상 모든 엄마 마음이 그렇듯이,
너 역시 미란이를 여느 여자아이들처럼
곱고 예쁘게 키우고 싶은 마음이 간절하겠지.
형편이 어려운 중에도 미란이에게
피아노를 가르칠 정도로 너는 열성적인 엄마잖아.
문제는 작년부터 부쩍 살이 찐 미란이가
점점 아빠 외모를 닮아 가고
움직이는 걸 극도로 귀찮아한다는 거야.
심지어 바로 옆에 있는 물건조차 멀리 있는 동생에게
가져오라고 심부름을 시키는 모습을 보고
엄마로서 특단의 조치를 취하지 않을 수 없었지.
'미란이가 절제할 수 있도록 옆에서 도와주자.

네가 원하는 모습으로 키우려 하지 말고
미란이가 원하는 바를
가질 수 있도록 도와주자.

지금은 서로 얼굴 붉히지만,
나중에는 잘했다고 웃으면서 이야기할 날이 올 거야.'
그런데 웬걸? 다이어트 때문에 평화롭던 집안이 조용할 날이 없어.
어제는 미란이를 꾸중하고 있을 때
마침 미란이 아빠가 일을 마치고 집에 돌아오는
바람에 한바탕 소동이 일어났어.
애들은 잘 먹어야 큰다며 미란이 편을 드는 아빠와
무리를 해서라도 식습관을 바꾸려는 너와의 신경전이 더해져
집안 공기가 험악할 정도로 냉랭해진 거지.
결국 미란이는 오늘 아침부터 네가 주는 밥을 거부하기 시작했어.
그로 인해 오늘 하루 너는 무척이나 속을 끓여야 했고.

현자야,
네 마음 충분히 이해해.

주어진 상황에 최선을 다하며 사는 게 신조인 너는
지금 엄마로서 최선을 다하고 있는 거야.
하지만 중요한 건 당사자인 미란이 의지 아닐까?
다이어트만 해도 그래.
만약 미란이가 자신이 다이어트가 필요하다고 생각하면
네가 말려도 스스로 먹는 양을 조절할 거야.
이건 다이어트뿐 아니라 앞으로
네가 아이들을 키우면서 항상 염두에 두어야 할 점이야.
그러니 네가 원하는 모습으로 아이를 키우려 하지 말고,
아이가 원하는 바를 가질 수 있도록 도와주는 게 좋아.
마지막으로 걱정하는 너를 위해 내가 힌트 하나 줄게.
앞으로 10년 후에 미란이는
우리나라뿐 아니라 세계가 인정하는 미인이 돼.
물론 저절로 되는 게 아니라 엄청난 노력이 뒤따르지.

아픔과 고통이 많았기에
훗날 미란이의 인생이 더 값져 보이고
후회 없는 삶이 될 거야.

그런데 그 노력은 지금 네가 미란이와 신경전을 벌이면서까지
노력하는 다이어트가 아니야.
그것은 바로 무거운 역기를 들어 올리는 역도야.
역도를 시작하면서부터 네가 지금 그토록 걱정하는
미란이의 살은 단점이 아니라 엄청난 장점으로 변한단다.
타고난 근육질 몸매와 유연성을 바탕으로 꾸준히 연습한 결과,
세계 무대에서 실력을 발휘해
온 국민으로부터 사랑을 받게 될 거라고.
2008년 베이징 올림픽에서 미란이가 들어 올린 무게는
무려 326kg.
이와 같은 결실을 맺기 위해 미란이가 얼마나 많은 땀과 눈물을
흘렸는지 너무도 잘 알기에 미란이를 향한 사람들의 마음은
너무도 뜨겁단다.
170cm의 키에 몸무게 115kg인 미란이가

사람들에게 심어 준 건 올림픽 금메달만이 아니야.
날씬하고 얼굴이 예뻐야만 취업에도 유리한 세상에서
미란이는 진정한 아름다움이 무엇인지 알려 준 거야.
미란이를 통해 사람들은 자기 일에
최선을 다하는 모습이 얼마나 아름다운지 깨닫게 되는 거지.
그뿐인 줄 아니?
미란이를 보고 역도를 하겠다고 스스로 역도부를 찾아가는
여학생들도 생기고, 취미로 역도를 하는 이들도 생기게 돼.
이 사실을 알게 되면 가장 먼저 기뻐할 이가
바로 너희 부부가 아니겠니?
너는 주위 사람들로부터 여자아이에게 역도 같은
험한 운동을 시킨다고 비난 아닌 비난을 받아야 하거든.
또 비인기 종목 선수와 가족의 설움 또한 겪어야 하고 말이지.

이현자

> 그 새로운 문으로 들어가는 데
> 엄마인 네가 가장 큰 힘이
> 되어 주리라 믿는다.

그러니까 현자야, 이제 그만 미란이와 벌이는 신경전을 정리하자.
2년이면 너도 미란이도 충분히 노력한 거야.
비록 다이어트만 놓고 보면 결과가 좋지 않지만,
이 계기를 통해 너는 미란이의 새로운 면을 발견하게 될 테니까.
하나의 문이 닫히면 새로운 문이 열린다고 하잖아.
그 새로운 문으로 들어가는 데 엄마인 네가
가장 큰 힘이 되어 주리라 믿는단다.
나는 너를 믿어.
그 누구보다 너는 미란이를 사랑하니까.

 너무나 자랑스러운 딸 미란이에게

미란아,

엄마는 나에게보단 너한테 할 말이 더 많구나.

어디서부터 어떻게 이야기를 시작해야 할까나.

먼저 엄마는 요즘 무지 행복하단다. 밥 안 먹어도 배가 부르고, 모든 게 고맙고 감사해. 네 덕분에 너무 많은 복을 받는 것 같아, 어떨 때는 '이게 현실일까?' 하는 생각에 나도 모르게 옛날을 돌아보게 돼.

먼저는 네가 역도를 시작하던 때야. 당시 너는 엄마 아빠의 권유로 억지로 역도를 시작했어.

한마디로 "할래?"가 아니라 "해!"였지.

엄마는 옛날 사람이라 부모님이 하라고 하면 자식은 무조건 따라야 한다고 배웠거든. 그래서 네가 엄마 아빠를 원망했다는 것도 알아. 지금도 네가 처음 역도 시작했을 때가 생생해. 네가 친구 재희한테 같이 역도하자고 했을 때 재희는 싫다고 펄펄 뛰었어. 재희 엄마도 여자가 무슨 역도냐고 반대했고. 그날 네 얼굴은 이렇게 말하고 있었어.

'다른 엄마들은 다 역도하지 말라고 하는데, 왜 우리 엄마는 나를 역도시키지 못해 난리일까?'

하지만 그러면서도 너는 훈련에 빠지지 않았지.

그 무렵 우리 집은 경제적으로 가장 어려웠던 때였고, 그래서 더 힘들었을 거야! 식당에 딸린 방 한 켠에서 다섯 식구가 함께 지냈잖아. 씻을 공간도 마땅치 않아, 체육관에서 땀범벅인 채로 돌아와도 씻지 못하고 식당 문을 닫을 때까지 기다려야 했지. 그런데도 넌 불평 한마디 없이 식당 일을 도와주었어.

그때 엄마 아빠 생각은 그랬어. 우리가 열심히 사는 게 가장 좋은 가정교육이라고. 너희들이 환경을 탓하기보다, 그리고 어려운 여건 속에서도 원망하고 불평하기보다 현실을 참고 견디면서 잘 적응하는 사람이 되어 주기를 바랐어. 엄마와 아빠의 바람대로 잘 자라 줘서 정말 고맙다.

역도를 하라고 한 건 나지만, 가끔 태릉에 가서 하루 종일 무거운 역기를 들었다 놨다 반복하는 네 모습을 볼 때는 지금도 마음이 많이 아프단다.

'보통 사람은 평생에 한 번도 들기 힘든 무게를 날이면 날마다 몇 번씩 들었다 놨다 해야 하니 얼마나 힘들까?' 하는 생각이 절로 들거든. 그때마다 엄마는 다짐하곤 해. 잠시도 나태하거나 소홀한 삶을 살면 안 되겠다고. 또 운동을 대신 해줄 수는 없지만 너를 위한 기도는 소홀히 하지 않겠다고 말이야.

또 한편으로는 역도를 하며 네가 인격자로 성장해 가는 모습을 보는 것도 엄마에겐 큰 보람이며 기쁨이야.

2006년 도하 아시안 게임에서 은메달을 걸고 돌아온 네가 엄마에게 이렇게 말했어.

"공항에 도착했는데 모든 카메라가 태환이에게 집중되는 거야. 태환이 뒤에서 태환이 3관왕을 같이 축하하며 생각했어. '아, 그동안 내

뒤에 있던 선수들 심정이 이랬구나.' 메달 못 딴 선수들 마음이 어땠을지 그제야 깨달았어. 앞으로 마음이 약해질 때마다 오늘을 생각하며 도전할 수 있을 것 같아."

그 말을 듣고 엄마는 네가 참으로 대견했단다. 내심 네가 금메달을 놓친 것을 속상해하고 있으면 어쩌나 걱정했는데, 너는 그 상황에서도 너보다 다른 사람들을 배려하는 의젓한 어른이 되어 있더구나.

또 얼마 전 내가 태릉에 갔을 때 네가 그랬지.

"엄마, 내가 제일 잘할 수 있는 게 역도인 거 같아. 역도하길 참 잘했어. 만약 역도 안 했으면 어떻게 됐을까?"

그 말을 듣고 얼마나 기뻤는지 몰라. 네가 네 생활에 만족한다면 엄마는 역시 그걸로 만족이야.

엄마로서 소원이 하나 있다면, 입버릇처럼 말했듯이 서른세 살쯤에 존경할 만한 사람을 만나 결혼하는 거야. 남편은 네가 고르겠지만 엄마로서 사위에 대한 바람은 말해도 되겠지?

처음에 네 경기를 보러 갔을 때 느낀 건데, 경기가 끝나면 경기를 보러 온 모든 사람들에게 "경기 후에 부담 없이 식사하고 가세요. 오늘은 제가 쏩니다!"라고 말할 수 있을 정도로 능력과 배려가 큰 사람이면 좋겠어. 엄마의 소망이니 기도할 때 꼭 넣어 줘.

올해는 또 네가 대학원에 진학하는 해이구나. 대학원은 대학과 다르다고 들었어. 더 열심히 공부해서 내실을 겸비한 세계적인 지도자가 되길 진심으로 바란단다.

마지막으로 초등학교 5학년 때 다이어트시킨 거 엄마는 후회하지 않아. 왜냐하면 널 사랑하는 마음에서 그랬던 거니까.

또 다이어트 때문에 겪은 고통이 많았기에 역도를 하게 된 오늘이 더 값져 보이고 후회가 없는 삶이 되었으니까.

이젠 다이어트 대신 저녁마다 야식을 먹어야 하는 우리 미란이, 그것 또한 쉽지 않은 일이란 거 잘 안단다. 먹고 싶은 거 있으면 뭐든지 말해. 넌 엄마가 무거운 음식 보따리 들고 다닌다고 걱정이지만, 매일

같이 무거운 역기를 들어야 하는 너에 비하면 그 정도는 아무것도 아니니까.

   세계를 들어 올린 장미란, 파이팅!

송정희

중학교를 그만두고
대안학교를 선택한 딸을 둔 어머니

중학교를 그만둔 딸 때문에 노심초사하는 나에게

"믿을 수 없는 상황에서도 믿어 주기! 엄마인 너만이 할 수 있는 일이란다."

송정희

•

토요일엔 딸과 함께 로맨틱 코미디 영화를 보고, 주일이면 가족과 함께 감사한 마음으로 예배를 드리는 소박한 가정을 꿈꿨다. 노력하면 충분히 가능한 일이라고 생각했다.

•

하지만 돈과 시간이 있으면 마음이 달갑지 않고, 마음이 원하면 돈과 시간이 여의치 않았다. 그러던 중 막내딸이 중학교 2학년 때 자의반 타의반으로 학교를 그만두게 되었다. 이를 계기로 모녀는 그간 서로 다른 곳을 바라보며 살아왔다는 사실을 인정하고, 비로소 마음의 문을 열 수 있었다.

•

딸과 어려운 과정을 함께 이겨 내며 어머니 송정희 씨가 깨달은 교훈은 '기다림'이다. 기차가 그냥 지나가는 간이역처럼 자녀가 스스로 결정할 때까지 믿고 기다리면, 자녀들은 반드시 방황을 마치고 가정으로 돌아온다. 다만 부모들이 끝이 보이지 않을 것 같은 마음에 먼저 지치거나 재촉해서는 안 된다는 것이 그녀의 믿음이다.

•

딸 박지희는 대안학교 '미디어스쿨'에서 공부하면서 자신이 하고 싶은 일을 찾았다. 지금은 홍익대학교 영상영화과에 재학 중이며, 이후 대학원에서 미디어 교육을 공부하여 자신의 배움을 후배들과 나눌 계획이다.

중학교를 그만둔 딸 때문에 노심초사하는

나에게

자식을 낳아야 부모가 아니라,
사춘기 자녀를 키워 봐야 비로소 부모가 된다는 말 기억나니?
이 말을 들었을 때 넌 도무지 이해할 수 없었어.
'자녀를 키우면 다 부모지 무슨 소리야?'
이런 생각을 하면서 조금은 짜증스럽게 흘려 넘겼지.
하지만 곧 너에게도 이 말이 절실히 느껴지는 날이 들이닥쳤어.
딸아이가 막 중2에 올라가고
개나리가 노랗게 여물던 어느 봄날,
너는 학교에서 호출을 받았어.

'우리 애는 괜찮겠지.'라는 생각은
너만의 착각이었어.

학교에 도착하기 전까지만 해도
너는 심각성을 알지 못했지.
딸아이는 초등학교 때부터 스스로 공부하고
자신의 일을 잘해 왔기에 늘 그러리라 믿었고,
넌 또 네 생활에 바빠서
'우리 애는 괜찮겠지'라고 생각하며 지낸 거야.
하지만 그건 너만의 착각이었어.
매순간 필요한 부분을 채워 주지 못한 채
시간이 흘러간 것이었지.
네가 학교에 갔을 때는 이미 최악의 상황에 와 있었어.
선생님들은 단호하게 전학을 요구하면서
너도 딸애도 똑같이 불량부모 불량학생 취급을 했지.
'자식이 이 지경인데 지금까지 뭐하고 있었냐?'는 식이었어.
넌 딸아이에게 뒤통수를 한 대 얻어맞은 것처럼

아프고 억울했어.
상황 자체를 인정하고 싶지도 않았지.
'설마 우리 지희가? 다른 애도 아닌 우리 지희가?'
믿고 싶지 않았지만 돌이킬 수 없는 현실이었어.
그날 딸애와 집으로 돌아오면서 넌 참 많이 울었어.
그리고 알게 되었지.
그동안 딸이 혼자서 얼마나 외롭고 힘들었는지를.
상황을 헤아려 보니 지희는
선생님들의 사랑 없는 질책에 반항한 거였어.
무모한 반항에 자기가 더 아프다는 걸
어린 나이에는 알 수 없었던 거야.
지희에게 얼마나 미안한지 가슴이 아프고 먹먹해서
걷기도 힘들었어.
선생님들이 사랑으로 감싸 주었더라면

송정희

> 어쩌면 너는 고의적으로 무관심했는지도 몰라.
> 아는 척하기 시작하면 끝이 없을 것 같아
> 두려웠던 거지.

자기 자리를 지켰을 아이라는 것을 너는 알았으니까.
어쩌면 너와 딸애가 서로에게 고의적으로
무관심했는지도 모른다는 생각이 든 것도 그때였어.
순간순간 서로에게 필요한 것이 무엇인지 알면서도
믿음을 위장한 채 늘 바쁘다는 핑계로
현실을 외면했던 거야.
아는 척하기 시작하면 끝이 없을 것만 같아
아예 다른 곳을 바라본 거지.
그렇게 너와 지희는 오랜 시간 서로 다른 곳을 바라보다가
학교를 그만두는 날에야 비로소 서로를 마주보았어.
그때 넌 다짐했지. 아무리 어렵고 힘이 들어도
이제는 딸과 함께 동행하리라고.
얼마 후, 넌 지희의 뜻을 좇아 학교에 대한 미련을 버렸어.
그리고 잠시 쉬면서 생각해 보기로 했지.

딸에게 내색할 수는 없었지만 날마다 걱정이 끊이질 않았어.
'행여 잘못된 길로 가진 않을까?'
'이유 없는 자격지심이 생기진 않을까?'
그럴 때마다 넌 다짐했어.
'이젠 내가 정신을 놓으면 안 된다.
지희를 믿고 불안해하지 말자.'
참 많은 생각과 일어나지 않은 일까지도 우려하면서
몇 개월의 시간을 흘려보냈지.
그러다가 넌 딸 친구로부터 대안학교 '미디어스쿨'에 대해
듣게 되었어.
상담을 받아 보기로 결정하기까지 얼마나 많은
망설임이 있었는지.
만일 너희 모녀에게 아픔이 없었다면,
학교에 대한 미련이 남아 있었다면,

> 같은 입장에서 같은 곳을
> 바라보게 되니까
> 조금씩 실타래가 풀리기 시작했어.

상담을 받아 보겠다는 결정도 내리지 못했을 거야.
사람은 시간이 지나서 그 밑바닥을 보아야만
진정으로 포기하고 시작을 결심한다고들 해.
그 이전에 그런 마음을 먹으면 좋으련만,
꼭 끝까지 가고 나서야 그것이 헛된 야망임을 깨닫고
부질없는 욕심을 내려놓게 돼.

그 전까진 희망이라는 것이 간절함을 가리고,
욕심인 줄 알면서도 붙잡고 눈을 가리게 마련인가 봐.
너와 딸애는 뭔가 잃은 후에야
새로운 시작에 나설 수 있었고,
더불어 더 멀리 바라볼 수 있는 여유를 갖게 되었어.
그렇게 같은 입장에서 같은 곳을 바라보게 되니까
소통이 이루어지면서 엉킨 실타래가 풀리기 시작한 거야.

문제라고 생각했던 것들이 문제가 아니었고,
할 수 없다고 생각했던 일들이 충분히 가능하다고
여겨지기 시작한 거지.
하지만 또 막상 미디어스쿨 문을 들어섰을 땐
솔직히 당황스러웠어.
학교라고 하기엔 너무 협소한 공간에
열 명 남짓한 학생들이 앉아 있는 모습은
네 머릿속에 각인되어 있는 학교의 모습과는
전혀 달랐던 거야.
딸애의 표정을 보니 너와 같은 생각을 하고 있는 듯했어.
'과연 이곳에서 무엇을 할 수 있을까?'
'어디서부터 시작해야 할까?'
마침내 상담선생님이 오셨고,
너와 딸아이는 조심스럽게 이야기를 풀어 놓았어.

사람에겐 저마다의 달력이 있대.
그러니 빨리 감을 부러워하지도
느리게 감을 한심하게 보지도 말고 기다리자!

얘기를 충분히 들어 주는 모습을 보고
그것만으로도 감사했어.
너와 딸의 억울함을 알아주는 것 같아서,
우리 편을 만났던 것 같아서 마음이 참 편안했어.
마음을 놓은 까닭일까?
그때부터 눈물이 멈추지 않았어.
너도 울고, 지희도 울고…….
상담 후에 너와 지희는 '아직 희망이 있구나.'라는
생각과 함께 다시 시작할 수 있다는
자신감을 가질 수 있었지.

지희가 미디어스쿨에 다니기 시작한 후부터
너의 긴 기다림이 시작되었어.
그러면서 새로운 길을 가는 딸을 위해 너는 다짐을 했지.

'늘, 항상, 기다린다. 딸이 스스로 생각하고, 결심하고,
행동하기를 기다린다.
순간순간 어려움은 많았지만 꼭 그래야만 한다.
사람에겐 저마다의 달력이 있다고 하니까
빨리 가는 것을 부러워하지도,
느리게 가는 것을 한심하게 보지도 말자. 그리고 기다리자!'
지희를 통해 너는 부모와 자식 간에도 때로는
끝이 보이지 않는 기다림이 필요하다는 걸 깨달았지.
그래서 너는 지희에게 기차가 그냥 지나칠 수도 있는
간이역처럼 억지스럽지 않은 모습으로
항상 같은 자리에서 기다리기로 했어.
그게 네가 찾은 최선이야.
다행히 그 기다림은 결실을 맺었어.
미디어스쿨에서 딸은 인생의 멘토를 만나

송정희

마음에 손을 얹고 생각해 봐.
혹 지금 아이보다 부모의 체면을
조금 더 중요시하고 있진 않은지…

전보다 성숙하고 예쁜 모습으로 되돌아와 줬거든.
어떤 환경을, 어떤 사람을 만나느냐에 따라
인생의 방향이 바뀌는데,
그제야 딸은 자기의 방향을 확실히 알게 된 거야.

정희야,
자식을 키우면서 네 키보다 높은 파도를 만났고,
한 치 앞도 보이지 않는 컴컴한 어둠과
움찔할 정도의 번개를,
여린 나뭇잎 사이로 스며드는 햇볕도,
네 땀을 가져가는 시원한 바람도 만났지.
앞으로의 인생에도 바람과 햇볕만 만나진 않겠지만,
천천히 모두를 느끼며,
온화한 미소로 목표를 향해

걸음을 내딛는 삶을 사는 거야.
그러다가 간혹 너와 같은 경험을 하고 있는 부모를 만나면,
다시 한 번 생각해 보라고 말해 주렴.
혹 지금 아이보다 부모의 체면을
조금 더 중요시 여기고 있는 건 아닌지,
자신의 욕심 안에서 눈앞의 현실을 보지 못하는 건 아닌지,
그래서 방금 전까지 왔던 화해와 시작의 기회를
놓쳐 버리진 않았는지 가슴에 손을 얹고 생각해 보라고!
그런 뒤에는 믿어야 함을 강조하는 것도 잊지 마.
네가 경험해 보니, 가족이기에 더 어렵고
가족이기에 더욱 필요한 건 믿음이었어.
믿을 수 없는 상황에서도 믿어 주는 것,
이것은 가족만이 할 수 있는 일이야.
그리고 행여 그 믿음이 깨어진다 해도 내 자식이든,

> 믿을 수 없는 상황에서도
> 믿어 주는 것!
> 이것은 가족만이 할 수 있는 일이야.

자식의 친구이든, 누구든 간에 원망하지 말라는 말도
꼭 덧붙이는 것도 잊지 마.
네가 그랬던 것처럼 간혹 부모들은
내 자식이 다른 아이들 때문에
어긋난다고 생각하거든.
사실 그렇지 않은 걸 알면서도 그렇게 결론을 내리는 게 부모야.
하지만 조금만 더 지혜를 발휘한다면
다른 아이들도 내 아이와 똑같다는 걸 인정하게 돼.
아울러 자녀가 잘되길 바라는 마음이 간절하다면,
자기 자녀뿐 아니라 모두의 자녀에게 사랑과 관심을
가져야 한다는 것이 네 젊은 날의 깨달음이잖아.

 바 라 만 보 아 도 대 견 하 고 기 분 좋 은
막 내 지 희 에 게

지희야,

네가 미디어스쿨을 졸업한 지도 어언 5년이 지났구나. 요즘 너는 네가 진정으로 원하는 삶이 무엇인지를 비롯한 수많은 문제에 직접 도전하며 스스로 답을 찾아가고 있을 거야. 이제는 아주 작은 터치만으로 곧은 길을 가고 있는 네가 엄마는 대견하고 자랑스러워.

자식이 부모 뜻대로 된다면야 더없이 좋겠지만, 엄마의 뜻을 가슴으로 전해 듣고 스스로의 뜻을 세워 이뤄 가려는 네 모습 역시 그에 못지않게 자랑스럽고 고마워.

정말 고맙다, 지희야!

엄마의 인생을 가슴으로 이해해 줘서 말야. 바로 어제도, 앞으로도 함께 고민하고 함께 웃을 수 있는 인생의 동반자 같은 존재가 너여서,

나의 딸이어서 정말 감사한단다.

돌아보면 다시 떠올리기도 겁나는 순간들을 훌쩍 뛰어넘어, 그날들마저 희망으로 품을 수 있는 우리 딸, 참 자랑스럽구나.

알고 있니? 엄마는 오십이 되는 나이에 너를 통해서 꿈도 갖게 되었다는 걸. 지금은 작은 피부숍을 운영하고 있지만, 머지않아 토털 피부숍을 운영해 모든 여성들에게 아름다움을 선물하고 싶어. 누구든지 쉬어 갈 수 있는 사랑방 같은 공간 말이야.

네가 하나하나 목표를 이루어 갈 때, 나도 함께 성장해 가려 해. 인생의 선배로서 꿈을 함께 이루어 가도록 엄마도 열심히 노력할게.

이제 너는 엄마에게 딸 그 이상이야. 그러니 여자 대 여자로서 서로의 어깨를 토닥이며 최선을 다하자. 물론 서두르지 말고 차근차근 멋진 인생을 함께 이루어 가 보자.

우리 딸, 파이팅!

김희경

자녀와 함께
조기유학을 다녀온 어머니

아이들의 조기유학을 위해 미국으로 떠나려는 마흔 살의 나에게

"영어는 수단일 뿐
목적은 아니라는 사실을 잊지 말자."

김희경

-
자타 공인 행동파 엄마. 두 아이를 키우면서 직장 생활을 하던 중 대학을 졸업한 지 11년이 지나서 석사에 도전하고, 석사 졸업 후 6년 만에 박사 과정을 밟아 2007년에 언론학 박사학위를 받았다. 현재 (주)THE BRAIN COMPANY의 브랜드 리서치센터 이사로 일하면서 대학에 출강하고 있다.

-
2001년 8월 말, 자녀들에게 영어 콤플렉스를 물려주지 않겠다는 각오로 두 아들을 데리고 미국으로 조기유학을 떠났다. 1년 반 동안 머무르면서 돈은 돈대로 쏟아 붓고 죽도록 몸 고생, 마음고생을 한 후 미련 없이 한국으로 돌아왔다. 그 후 자신처럼 아무것도 모른 채 유학을 떠나는 엄마들이 없어야 한다는 사명감(?)에 『죽도 밥도 안 된 조기유학』을 펴냈다.

-
10여 년 전 엄마와 함께 미국으로 떠났던 두 아들은 지금은 대학교 1학년, 고등학교 1학년이다. 큰아들은 한영외고 1학년을 마치고 자신의 의지로 영국행을 선택해, 경제학으로 유명한 LSE(London School of Economics & Politics) 대학에서 경제학을 공부 중이다. 둘째는 한국의 중학교에서 학교와 본인이 서로 거부하는 사태가 발생해 형이 떠나는 유학길에 동행했다. 아직도 방황 중이지만 이제 막 공부에 재미를 붙였다.

-
미국에서 얻은 교훈을 바탕으로 김희경 씨 부부는 1년에 서너 차례 아이들과 여행을 하며 가족애를 쌓아 가고 있다.

아이들의 조기유학을 위해 미국으로 떠나려는 마흔 살의
나에게

나는 알아, 너는 이미 아이들을 데리고
미국에 가기로 마음먹었다는 것을.
너는 원래 그런 사람이잖아.
생각과 동시에 행동에 나서는 무모한 행동파.
아마 너는 벌써 유학원에 찾아가 네가 유학 비자를 받고
아이들은 동반비자를 받으면
미국에 갈 수 있다는 것도 알아버렸을 걸?
영어를 자유롭게 구사하면
황금빛 미래가 올 거라는 믿음 때문에,

> 뉴욕의 JFK공항에 내리면서
> 너는 아이들과 함께 재미있게 지내다
> 돌아가리라는 푸른 꿈을 꿀 거야.

또 남들도 한다니까 그런 결정을 내린 걸 부모로서
이해 못 하는 것은 아니지만,
앞으로 어떤 힘든 일과 맞닥뜨릴지 너에게 말해 주고 싶구나.
물론 1~2년 고생하면 아이들의 영어 실력은
한국의 학원에서 배우는 것과 비교할 수 없을 정도가 되겠지.
아이가 외국어고에 들어가고
외국의 소위 일류 대학에 입학할 수도 있을 테고.
하지만 그 아이들이 미국이라는 나라에서
떠올리기 싫어할 정도로 마음의 상처를 받을 수 있다는 걸
한 번이라도 생각해 봤니?
아이들의 아빠이면서 너의 남편이
술 취한 채 불 꺼진 집에 들어와 미국으로 전화하면서
우는 장면을 상상이라도 해봤니?
그리고 너는 영어도 잘 못 하면서

어떻게 남편 없이 아이들만 달랑 데리고 떠날 거야?
영어는 학교 다닐 때 누구나 배우는 것이고,
몇 개월 영어회화 과외 좀 받았다고
네 영어가 미국에서 통할 것이라는 막연한 생각은 버렸으면 해.
패스트푸드점에서 'meal' 대신에 'set'라고 해
아이들 햄버거도 제대로 못 사주는 것은 차라리 애교야.
살아가면서 그 많은 영어 단어를 알아야 한다는 것도,
네 발음을 그 사람들이 전혀 못 알아들을 수 있다는 것도
심각하게 받아들여야 돼.
영어를 못 해서 실수할 때마다
많은 시간과 돈, 노력으로 메워야 하거든.

달랑 이민 가방 여섯 개만 들고서 뉴욕의 JFK공항에 내리면서,
너는 교육과 자연 환경이 최고라는 미국에서

> 애들 아빠가 술에 취해
> 불 꺼진 집에 들어와 미국으로 전화하면서
> 우는 모습을 상상한 적 있니?

아이들과 함께 공부하고 재미있게 살다가 가리라는
푸른 꿈을 꾸겠지.
하지만 며칠 후 아이들과 네가
본격적으로 학교에 다니기 시작하면,
세 식구 모두 잠도 제대로 못 잘 정도로 바빠질 거야.
꿈? 꿈은 꿈일 뿐이야.
자, 앞으로 미국에서 너와 아이들의 하루가 어떻게 흘러갈지
한번 살펴볼까?
안타까운 일이지만, 지금 이 상황은 특별한 상황이 아니라
너를 비롯해 누구든 겪을 수 있다는 걸
염두에 두고 들어 주렴.

넌 오후 2시 15분이면 아이들을 데리러 학교로 가야 해.
아이들은 너를 보는 순간부터

학교에서의 긴장감은 잊고 해방되었다는 안도감에
한국말로 재잘대면서 집 구석구석을 뛰어다니겠지.
하지만 쉬는 것도 잠깐!
아이들 운동 시합, 악기 수업, 친구 초대,
그리고 슈퍼 다녀오기 등등
너는 스케줄 표를 수시로 들여다보면서
하루에 여덟 번 가량을 차로 들락날락하게 될 거야.
어찌어찌 저녁을 챙겨 먹고 나면
드디어 큰아이가 숙제를 해야만 하는 시간이야.
도대체 누가 미국 학교는 숙제도 시험도 없다는
엉터리 루머를 퍼뜨린 거야?
영어라고는 몇 마디 말밖에 할 줄 모르는 외국 애한테도
예외 없이 주어지는 읽고 쓰고 외우는 숙제들!
숙제를 세 번 안 해가면 과목 낙제여서 안 해갈 방법도 없어.

김희경

> 영어가 서툰 학생에게도
> 예외 없이 주어지는
> 읽고 쓰고 외우는 숙제들……

하루에 꼬박 네다섯 시간을 너는,
하기 싫어 몸을 배배 꼬고 졸고 하는 애를 달래 가면서
영어 교과서들과 씨름을 하게 될 거야.
그러다가 작은애가 보는 앞에서 따귀를 때려
큰애 가슴에 커다란 멍을 남기는 실수를 하게 될지도 몰라.
너의 과다한 욕심이 이런 화를 부를 수도 있단다.
그런데 문제는 말이야, 큰애와 저녁 내내 사투하는 동안에
작은애는 잊혀져 버린다는 거야.
매일 학교만 가면 여기저기 아프다고 하고,
선생님이 무슨 소리 하는지 모르니까
창밖을 보다가 책상에 엎드려 자고,
친구들은 바보 취급하고,
집에 오면 엄마는 형만 붙들고 있고.
아직 저학년이어서 별로 배우는 것도 없고,

숙제도 없다 보니 하루 종일 텔레비전만 보게 되지.
물론 만화 캐릭터를 친구 삼아 지내다 보니
어느 날 귀가 뚫리는 예상치 못한 '소득'을 얻기도 하겠지만,
아무도 그 아이 가슴속에 쌓여 가는 스트레스와 울분을
알아차리지 못한단다. 그 아이 자신조차도!
그렇게 1년쯤 지나면
학교 생활에 잘 적응하는 것처럼 보이지만,
그때 받은 마음의 상처는 한국에 돌아온 후에도
한참 동안 그 아이와 가족 모두를 힘들게 할 거야.
그때의 너는 알지 못하지,
아이의 자존심이 다른 사람보다 강해 상처도 더 깊다는 것을.

아마 지금 너는 미국 생활을 2년으로 예정하고 있을 거야.
하지만 생이별을 한 채 심신이 지쳐가는 너와 남편은

> 아무도 아이 가슴속에 쌓여가는
> 스트레스와 울분을 알아차리지 못해.
> 그 아이조차도!

하루라도 빨리 그 생활을 정리하고 귀국할 날만
손꼽아 기다리게 될지도 몰라.
1년 반 만에 그토록 고대하던 한국에 돌아오지만,
또 다른 고통이 너와 아이들을 기다리고 있다면
너무 잔인한가?
영어라는 큰 무기만 손에 쥐면
'고생 끝, 행복 시작'일 것 같지만,
한국 학교 분위기에 적응하는 것은 물론이고
각 과목마다 공부를 따라잡는 것은 정말 어렵단다.
미국에서 보낸 힘든 시간이 귀국 후에
또다시 시작되는 거지.
그래도 돌아온다니 정말 다행이야.
귀국이 늦춰질수록 한국의 교육이 두려워
영영 돌아오지 못할지도 모르니까!

게다가 사춘기를 거기서 다 보낸다면,
아이들은 더 이상 너의 아이가 아니라
'얼굴만 한국인인 미국인'이 되어 버릴 수도 있어.
네가 원하는 것은 '영어를 잘하는 한국인'이잖아.
너, 그거 아니?
미국은 백인에게만 기회의 문을 활짝 열고 있는
선택적인 기회의 나라야.
정체성이 흔들린 채 영원한 이방인으로 미국에 사는 것이
나는 하나도 행복해 보이지 않더라.
물론 세상 어디나 사람 사는 모습은 다 똑같아.
하루 세 끼 먹고, 자고, 학교 가고, 놀고……
그러나 나라마다 의식주를 비롯한 모든 풍습과 문화가
다르다는 것을 너는 얼마나 이해하고 있니?
무지에서 오는 너의 생각 없는 행동들로 인해

> 장밋빛 꿈만 가지고 가는 거랑
> 최악의 상황을 알고 가는 것은
> 큰 차이가 있으니 참고해 주기 바라.

고소를 당할 수도 있단다.
또 아이들은 자신을 무시하고 깐죽대는 친구를
좀 밀었다고 정학을 맞기도 해.
억울하게 벌 받은 아이들이 울다가 잠이 든 후에야
너는 피눈물을 흘리겠지.
누구를 위해 온 유학인지 반문하면서.
그 나라와 국민을 알아갈수록
행동하는 것이 점점 더 두려워질 거야.

그렇다고 미국 생활이 다 안 좋은 것은 아니니
최종 결정은 너의 몫이야.
다만 장밋빛 꿈만 가지고 가는 거랑
최악의 상황을 알고 가는 것은 큰 차이가 있으니
참고했으면 좋겠다.

조기유학을 떠날까 말까 고민하는 너에게 내가 조언을 한다면,
'조건이 허락된다면 가라.'는 거야.
물론 미국에서 생활하면서 눈물을 흘리는 일도 많겠지만,
도전하지 않는 자에게는
뭔가를 성취할 기회도 주어지지 않는 법이니까.
영어뿐 아니라 외국과 외국인에 대한 두려움을 떨쳐버리게 되면,
아이들은 살면서 많은 기회를 잡을 수 있을 거야.
세상에 상처 없는 영광이 어디 있겠어.
하지만 가족과 생이별을 하면서까지 가야 하는 거라면,
좀 더 신중히 생각해 봤으면 해.
특히 아이 혼자 조기유학을 보내는 것은
아이를 버리는 길이니까 절대로 꿈도 꾸지 마.
지금까지 살면서 주위를 둘러보면
아이들이 영어라는 능력을 갖는 것보다

김희경

> 미국에서 눈물을 흘리는 일도 많겠지만,
> 도전하지 않으면 성취할 기회도
> 주어지지 않을 거야.

행복한 가정에서 자라는 것이 더 중요하더라고.
영어는 수단일 뿐 목적이 아니라는 사실 잊지 말아 줘.
자, 이제 네가 어떤 결정을 내리든 각오를 단단히 하렴.

 사랑하는 두 아들에게

무모한 행동파 엄마를 만나 니들이 고생이 많다. 미국은 아이들에게 천국이라고 사탕발림을 해서 데려가 놓고 너희들 고생만 시켰지.

어느 날 내가 물었지.

"왜 미국 생활에 대해 아무 말도 안 해?"

그때 너희가 이렇게 대답했어.

"미국은 생각하고 싶지도 않아. 좋았던 기억이 하나도 없거든. 영어를 배워 온 것 빼고는!"

그 말을 듣는 순간 어찌나 미안하던지……. 원래 내 의도는 회사 다니느라 못 했던 엄마 노릇 좀 잘해 보려는 것이었는데, 생각처럼 되지 않아 엄마도 많이 속상했어. 그래도 우리 지금까지 잘해 내고 있잖아.

우리 집 장남아, 그 어려운 공부 훌륭히 해내고, 이제는 홀로서기도 잘해서 엄마 아빠가 엄청 든든해하고 있는 거 알지? 다이어트에 성공한 것도 축하한다. 엄마가 그동안 네 몸무게에 너무 예민하게 굴어서 미안해. 그 과식 습관이 미국에서의 학교 생활과 공부 스트레스로 인해 생겼기 때문에 엄마는 늘 내 책임이라고 자책해 왔단다.

그리고 막내야,

네가 아직 방황을 다 끝내지 못했지만 엄마 아빠는 결국 잘해 낼 것이라고 믿는다. 얼마 전에야 비로소 네 방황의 뿌리가 바로 미국 학교에서 형성된 것이라는 사실을 깨달았어. 미국에서 미처 너한테까지 신경을 못 쓰는 바람에 좋은 습관을 익힐 적당한 시기를 놓쳤지만, 이제라도 늦지 않았으니까 우리 함께 노력하자. 엄마가 그동안 기다려 주지 못하고 짜증낸 거 정말 미안해. 요즘 엄마가 보면 형보다 네가 훨씬 더 어른스럽더라. 정도 훨씬 많고. 올해부터는 형의 행보를 따르겠다고 했으니 한 번 해보렴. 엄마가 열렬히 지지하고 밀어 줄게.

엄마가 너희에게 부탁하고 싶은 것은 지금까지처럼 형제간에 우애 있게 잘 지내라는 거야. 힘든 미국 생활 동안 너희는 서로 가장 좋은 친구였다는 것을 앞으로도 꼭 기억해. 사랑한다, 내 아들들아!

박소원

싱글맘 & 워킹맘

IMF 한파 속에서 출산한 지 한 달 만에 출근한 나에게

"'워킹'과 '맘' 사이에서 균형을 찾아야 해."

박소원

●

'더브릿지'라는 광고대행사를 운영하는 언제나 바쁜 엄마. 아이가 어렸을 때 이혼을 하고 싱글맘으로 아이를 키웠다. 가장과 엄마의 몫을 함께 해내느라 고군분투했지만 언제나 육아는 초보자 중의 초보였다.

●

《스포츠 칸》에 '아이 엠 어 싱글맘'을 일 년간 연재했고 《중앙일보》에 '그래, 우리는 싱글맘 싱글 대디다.'를 연재한 것이 계기가 되어 동일한 제목의 책도 출간했다.
그녀의 엄마는 '만천하에 싱글맘인 거 외치고 사는구나.'라고 쓴소리를 하시지만 드러내서 유익이 있다면 얼마든지 드러내겠다고 생각하고 있다. 싱글가족들과 함께 고민하고 함께 길을 모색하는 일에 열심을 다하고 있다.

●

이제 아들은 사春기에 접어들었고 나는 사秋기에 접어들었다. 그러니 아들은 엄마로부터 끊임없이 달아나려 하고 나는 살아온 세월을 통째로 뒤흔들며 삶을 생각하고 있다. 그래서 이제가 진짜 시작이라고 생각한다. 아니, 지금이라도 늦지 않다고 생각한다. 그렇게 믿으며 이 글을 썼다.

IMF 한파 속에서 출산한 지 한 달 만에 출근한

나에게

준석이를 낳은 지 갓 30일 지났을 때
넌 회사로부터 한 통의 전화를 받았어.
"나, 김 본부장인데…… 몸조리 잘하고 있지?"
왠지 말을 아끼며 뜸을 들이는 상사의 목소리는
네가 예상한 상황을 정확히 담고 있었어.
"어려운 부탁인데 말이지, 이번에 큰 경쟁 피티가 있거든.
여성 제품이라 자기가 좀 나와서 도와줘야 할 것 같은데……."
너는 깊이 생각할 것도 없이 바로 답했어.
"네, 나갈게요. 몸조리, 한 달이면 충분하죠, 뭐.

출산하고 오면
바로 잘리는 거 아닐까 걱정하던 내게
회사에 빨리 나오라는 말은 감읍할 따름이었지.

내일부터 바로 나가겠습니다."
준석이를 몸에 품고 있던 1997년,
IMF 한파 때문에 대다수 광고회사가 초토화됐어.
기업들은 제일 먼저 광고홍보비를 줄여 경비를 삭감했고,
그 여파로 광고대행사들은 줄줄이 인원을 줄이든지
아예 문을 닫는 지경이었지.

그런 와중에 만삭이었던 너를 자르지 않고
고이(?) 출산하러 가도록 해준 건 정말
성은이 망극할 만한 일이었어.
그리고 출산하고 오면 바로 잘리는 거 아닐까 걱정하던 내게
회사에 빨리 나오라는 말은 감읍할 따름이었지.
그렇게 넌 다음날부터 회사에 출근했고,
그날부터 밤샘을 간신히 면한 수준의 야근이 계속되었어.
담배연기 자욱한 회의실,

여러 잔의 커피와 음료수, 회의와 회의,
아이디어와 아이디어…….
집에 돌아오면 파김치가 되어 침대에 쓰러지기 바쁜 나날들이
다시 시작된 거야.
친정어머니는 그래도 잠들 때는 아이를 품고 자야 한다면서,
쓰러진 네 품에 준석이를 데려다 누이셨어.
너무 지쳐서 네 몸도 추스르기 어려운 상황이니
한 침대에 누웠어도 아이를 보듬고 서로 교감할 여지가
있을 턱이 없었지.
다행인지 불행인지 준석이는 어찌나 순둥인지
울거나 보채지를 않았어.
생후 한 달 된 아이가 밤에 한두 번 깨어서
"흐엉, 흐엉" 하고는 그만이었다니까.
분유를 먹이거나 기저귀를 갈아 주면 이내 새근새근 잠들었고,

좋은 엄마가 될 준비를 하지 못하고
아이와 만난 너.

엄마의 모성 본능을 전혀 자극하지 않았지.
모처럼 늦잠을 자게 되면 먼저 깨어서
두세 시간 혼자 옹알이를 하고 있는 아이,
"흐엉, 흐엉" 하다가 젖병을 물리면 바로 "헤헤"거리며
행복한 표정을 짓는 아이,
기저귀가 불룩해질 때까지도 별 짜증을 부리지 않는 아이,
그래서 바쁜 엄마를 그냥 바쁘도록 방치한 아이…….
그렇게 다시 일터로의 복귀가 무사히(?) 이뤄졌어.
그리고 넌 아이의 과중한 얽매임으로부터 놓여나게 되었지.

그러던 어느 날,
아주 오랜만에 준석이를 안고 여유를 부리려던 너는
아이가 자꾸 네 품에서 벗어나려고 한다는 걸 알게 되었어.
두 팔이 네 목을 감싸야 안정감 있게

아이를 안을 수 있을 텐데,
그 두 팔이 자꾸 허공을 허우적거리는 거야.
"엄마, 준석이가 눈을 안 맞춰요."
그 순간 엄마를 찾은 건 너뿐이 아니었어.
준석이 역시 사방을 휘돌아보며 할머니를 찾고 있었어.
매일 밤 품에 안고 잔다고 했지만,
네가 가진 모든 것을 쏟아 붓길 원하는 갓난아이에게
네 애정은 믿을 만한 것이 못 되었던 거야.
같은 침대, 같은 공간에 누워 있다고는 해도
격무에 지친 너는 분명 네 피로에 지쳐
잠의 나락으로 떨어져 버렸던 거지.
그제야 아차 싶었지. 이제 세상에 갓 나온 아이는 엄마든,
할머니든, 돌보미든 누군가에게 든든한 애착의 뿌리를
내려야 한다는 걸 넌 잊고 있었어.

> 넌 잊고 있었던 거야.
> 아이들은 엄마든 할머니든 누군가에게
> 든든한 애착의 뿌리를 내려야 한다는 걸!

아이가 돌이 가까워지도록
너와는 아무런 애착관계도 형성하지 못한 채
계속 방치되었다는 것을 눈치조차 못 챘던 거야.
아침 일찍 출근해 밤늦게야 피곤한 몸으로 돌아오는 일을
1년 가까이 반복하는 동안,
아이는 너에게서 도저히 정붙일 여지를 발견하지 못한 채
할머니와 첫 애착관계를 가진거야.
그 후부터 넌 잠을 잘 때 아이를 꼭 안고 자자,
쉬는 날이면 아이 곁에 붙어 있자고 다짐했어.
하지만 다짐은 다짐일 뿐,
안타깝게도 회사 일은 더 바빠졌지.
그렇게 시간이 흘러 17개월이 넘어설 무렵,
준석이가 하는 말은 겨우 "음, 음"이었어.
"음, 음!"

"그래, 물 줄게."
특별히 다른 요구사항 없이 조용한 편인 아이는
늘 물을 달라는 말만 정확하게 하는 거야.
그게 "음, 음"이지. 아니, 아이는 여러 가지를 요구하고 있는데,
네가 알아듣지 못하는 것인지도 모르지.
아직 '엄마'라는 소리도 아이 입을 통해 흘러나오지 못했어.
그리고 늘 갈증이 많은 것처럼 물을 요구할 뿐이야.
"준석이는 정말 물을 많이 먹어. 그치?"
큰 컵에 가득 담은 물을 한 번에 다 마셔 버리는
준석이를 보면 다들 놀라워해.
이렇게 물을 많이 먹는 아이는 처음이라는 표정들이야.
처음에는 말이 참 늦는다는 게 마음에 걸렸는데,
거의 유일한 표현이 물을 달라는 거라는 사실이
점점 더 큰 의미로 네게 다가왔어.

> 유난히 물을 많이 찾는 준석이.
> 그 갈증이 아이 마음의 갈증인 것 같아
> 네 마음은 아프고 또 아파.

그즈음 태열이 아토피로 발전되어
병원도 곧잘 드나들게 되었지.
"얘가 물을 유난히 많이 마셔요."
"글쎄요, 물을 많이 마시는 것이 나쁠 건 없을 것 같은데요.
속에 열이 많아서 그럴 거예요.
식사 전후에는 좀 피하도록 관리해 주세요."
의사도 별로 특이한 사항으로 받아들이지 않았어.
그러던 어느 날, 그 갈증이
아이 마음의 어떤 갈증을 표현하는 것은 아닌가 하는
생각을 문득 하게 되었어.
그리고 또 하나 새로운 사실을 알게 되었지.
그간 네가 아이를 틈틈이 안아 주기는 했지만
한 번도 업어 준 적은 없다는 걸.
그러고 보니 집에는 아예 포대기도 없었고.

아이들은 엄마의 등에서 안정이라는 마음의 양식을 얻는다고
하는데, 그때까지 너는 안아 주는 정도에 만족했던 거야.
첫아이는 모든 엄마들의 실패작으로 자란다는
자조 섞인 속설에도 너만은 그리하지 않으리라,
그리하지 않을 수 있으리라 생각했는데,
그 통념의 전형적인 모델이 되어 버린 셈이지.
너는 아이의 양육과 교육에서 늘 뒤떨어진 엄마야.
늘 바쁘기 때문이기도 하지만,
좋은 엄마가 될 준비를 제대로 하지 못한 상황에서
덜컥 엄마가 되었기 때문이지.
광고쟁이인 너는 언제나 새로운 정보에
첨예하게 반응하고, 세상을 배워야 해,
그로써 세상에 내보낼 광고에 힘을 싣게 되지.
언제나 세상에 새로 나온 물건을 연구하고,

> 서툰 엄마를 둬 아이가 외로운 것 같아
> 너는 또 속상해.

그 물건이 이 세상에서 살아가도록 길을 만드는 역할을 하지.
그것이 광고쟁이에게 주어진 몫이니까.
그런데 귀한 생명을 키우는 일에는
이토록 서툰 자리에 머물러 있다니!
물을 먹는 준석이의 모습이 너무도 짠해 보여
너는 생각했어.

'다시 시작할 수 있다면 출산 후 세상이 두 쪽 난다 해도
1년은 온전히 아이와 같이 보내리라.
아이와 같이 일어나고 아이가 잠들 때까지 지켜보리라.
반드시 포대기를 사서 내 허리가 감당할 수 있을 때까지
아이를 업고 다니리라.
아이를 등에 업고 흥얼흥얼 자장가를 불러 주리라.
아이가 옹알이를 할 때는 옹알이로 대화해 주리라,
아이가 말을 시작할 때는

끝없는 수다로 아이의 귀와 입을 열어 주리라.
동화책을 내 책보다 가까이 하며 아이에게 읽어 주리라.
언제나 가슴에 품고 재미나게 동화 속 이야기를 들려주리라.
아이가 잠들면 등을 끄고 나도 같이 잠이 들리라.'
그래, 소원아, 이제라도 늦지 않았어.
일과 육아에서 어서 빨리 균형을 찾아.
그래서 아이에게 미처 주지 못한 엄마라는 사랑을,
엄마라는 관심을, 엄마라는 보호를,
그리하여 엄마라는 존재를 안겨 주렴.
일이 네게 주는 행복의 등허리, 그 허전한 자리에다
또 다른 행복을 업혀 줄 사람은 바로 준석이니까 말이야.
균형을 찾을 때는 다음 사항을 참고해 줬으면 해.
아이도 언젠가는 네 품을 벗어나
자립적인 삶 속으로 뚜벅뚜벅 걸어가는 날이 오게 될 거야.

이제라도 늦지 않았어.
일과 육아에서 어서 빨리 균형을 찾아.

그때는 일하는 엄마를 자랑스러워해 주겠지.
그러니까 워킹에서도 맘에서도 힘을 내. 알겠지?

 사랑하는 아들 준석이에게

"어서 일어나지 못해?"

오늘 아침에도 나는 소리를 질러 댔어. 좀체 쉬 일어나지 못하는 너에게 엄마는 언제나 소리 지르고 야단치고 닦달하는구나.

여전히 눈에 잠이 가득한 채 차에 올라탄 너는 "아, 성경하고 아침묵상 책 놓고 왔다."며 다시 집으로 달려 올라갔어. 오늘은 간신히 2~3분 이르다고 생각했는데, 결국 5분을 까먹고 말았지. 나는 또 난폭운전자가 되어 학교를 향해 달렸어.

결국 2분 지각했다. 아이고!

곱지 못한 얼굴로 너를 내려 주고 돌아서면서 또 가슴을 치며 후회를 했지. 아침잠이 많아서 일어나지 못하는 걸 어쩌라고, 꼼꼼하지 못해서 자꾸 허둥대는 걸 어쩌라고, 넌들 그러고 싶겠냐고 말이야.

너를 키우는 13년 내내 엄마는 후회만 하는 사람이구나. 이렇게 돌아서서 회사에 오면 하루 종일 돌이킬 수 없는 그 순간 때문에 엄마는 마음이 편치 않아. 더 따뜻한 표정으로 격려하면서 에너지를 퍼주고 와도 모자랄 판에 찬바람만 쌩하니 안겨 너를 보냈다니…….

솔직히 고백하면 엄마도 너처럼 그런 사람이었단다. 나 혼자서 아침에 가뿐히 일어난 적이 없는 학창시절을 보냈거든. 준비물을 꼼꼼히 챙기는 일은 나와는 거리가 멀었어. 음악과 영화를 좋아해서 초등학교 때부터 영화관을 드나들었고, 시험은 언제나 벼락치기였어. 무엇 하나 너와 다른 게 없지?

그런데 왜 나는 이렇게 잔소리꾼 엄마가 되었을까? 엄마 자신도 그렇게 못했으면서 왜 너한테 막 요구하는 걸까? 아마도 네가 엄마랑은 좀 다른 사람으로 자라길 바란 게 아닐까 싶어. 우리 아들이 더 멋진 사람으로, 더 유능한 사람으로, 더 존경받는 사람으로 살아가길 바랐던 것 같아.

하지만 달리 생각해 보면, 무엇이 더 멋진 건지, 무엇이 더 유능한 건지, 무엇이 더 존경받는 건지 의구심이 생겨. 세상의 잣대로 나를,

또 너를 재려고 해서는 곤란한데 말이지.

 요즘 우리 아들이 부쩍 성장했는지, 벌써 엄마 품에서 벗어나 너만의 생활을 가지길 원하는 것 같아. 머리에 염색을 하고 싶어하고, 좋아하는 옷은 며칠씩 입고 다니면서 잘 안 벗으려고 하지. 그리고 영화에 나오는 한 장면을 멋지게 연출하기 위해 이미 몇 년 전에 손 뗀 피아노에 다시 매달리는가 하면, 휴대폰으로 친구들과 주고받은 문자에 잠금장치를 걸어 놓기도 했어. 게다가 결정적으로는 엄마랑 대화하는 것을 힘겨워하지.

 이 모든 게 성장 과정에서 나타나는 자연스러운 행동이라는 걸 알면서도, 엄마는 자꾸 네 마음속에 아쉬움이, 부족함이, 혹은 억울함이 있어서 그런 것 같은 느낌이 들어.

 지난 13년 동안 차고 넘치도록 받았어도 부족할 사랑을 너는 바쁜 엄마를 둔 탓에, 서툰 엄마를 둔 탓에, 어리석은 엄마를 둔 탓에 충분하게 누리지 못했으니까 말이야.

 그래서 너는 허전하고, 엄마는 속상하고……, 이런 마음의 공백과 짐들을 어서 채우고 덜어 내야 할 텐데…….

그래도 노력해야겠지. 준석이와 엄마의 삶은 세상의 다른 어느 모자도 대신 살아 줄 수 없으니까, 준석이와 엄마만의 것이니까!

그러니까 준석아, 엄마가 저지른 많은 실수, 그로 인한 너의 아쉬움과 허전함에 발목 잡히지 말고, 씩씩하게 엄마랑 같이 세상을 헤쳐 나가자꾸나. 그럴 수 있지, 우리 아들?

서정희

KBS 〈퀴즈 대한민국〉 최연소 퀴즈영웅
신정한의 어머니

아이를 방치한다는 말에 충격받은 5년 전의 나에게

"네 교육 방식은 틀린 게 아니라 조금 다를 뿐이야."

서정희

•

예나 지금이나 부모의 관심과 사랑이 가장 좋은 교육이라고 믿고 사는 두 아이의 엄마이다. 이런 신조대로 아이들에게 사교육을 거의 시키지 않았다. 대신 형편과 실력에 맞게 문제집을 골라 아이 스스로 공부하게 했고, 책 읽는 습관을 심어 주려고 애를 썼다. 어려서부터 책을 많이 읽어 주고, 다양한 분야의 책을 아낌없이 사주었다. 또한 책을 꼼꼼하고 정확하게 읽었는지 확인하는 워크북을 손수 만들어 체크하기도 했다.

•

이렇게 키운 첫째아이가 2009년 2월 〈퀴즈 대한민국〉에서 열한 살의 나이로 퀴즈영웅이 된 경북 고령초등학교 신정한 학생이다. 신정한은 최종 라운드에서 음악, 역사, 국제시사 등의 고난이도 문제를 맞혀 상금 4,100만과 함께 최연소 퀴즈영웅에 등극했다. 올해 중학교에 입학한 정한 군이 초등학교 때까지 읽은 책은 무려 3,000여 권! 일명 '책갈피 공부법'으로 불리는 독서법을 활용하는데, 조금 특이하다. 책을 읽다가 궁금증이 생기면 책갈피로 표시해 두고, 관련 내용이 있는 다른 책을 펼쳐본다. 그러다 이해가 안 되는 부분이 나오면 또 다른 책을 꺼내 확인하고, 그도 안 되면 인터넷 검색을 통해 호기심을 해결하는 방식이다.

•

그녀는 요즘도 학원이나 학습지로 공부에 열심인 다른 아이들을 보면 '내가 과연 아이들을 바르게 키우고 있나?' 고민한다고 한다. 하지만 그때마다 아이들의 해맑은 웃음을 보면서 나름의 확신과 보람을 느끼며 살아가고 있다.
지금은 정한 군을 통해 인연을 맺게 된 지역아동센터에서 아동복지교사로 일하는 중이다.

아이를 방치한다는 말에 충격받은 5년 전의
나에게

안녕?
과거의 나한테 편지를 쓴다는 건 정말 어색한 일이었어.
한동안 무슨 이야기를 할까 많이 망설였지.
그러면서도 내가 여태껏 살아온 날들을
되짚어볼 수 있는 기회를 얻어 참 기쁘다는 말,
너에게 먼저 해주고 싶구나.
너는 결혼 후 오랜 기다림 끝에 정한이를 가질 수 있었어.
아이를 품에 안고 느꼈던,
세상을 다 얻은 것 같은 그 기분, 아직도 생생하지?

> 너는 사교육에 의존하고 싶지 않았어.
> 거창한 교육관이 있다거나
> 네가 훌륭해서가 아니야.

흔히들 어렵게 자식을 얻으면
계획도 많고 해주고 싶은 것도 많을 거라 생각해.
하지만 너도 남편도 애초에
거창한 계획이나 다짐 같은 것은 없었어.
그저 정한이가 자신들의 아이로 태어나 준 것이
기쁘고 감사할 따름이었지.
직장 일로 늦게 귀가하는 남편을 기다리는 동안,
넌 정한이와 함께 뒹굴며 무엇이든 함께 했어.
스스로에게 '이렇게 하는 게 맞나?' 하는 질문을 해가면서
정성껏 여러 가지 일들을 찾아서 했지.
모든 게 처음이라 서툴렀지만, 넌 서두르지 않고
하나하나 네 생각과 원칙을 만들어 갔어.
정한이가 조금 자랐을 때, 또래 아이들이
학습지 교사가 올 시간이라는 말들을 하는 걸 듣고서

당황해하던 모습이 떠오르네.
서로 약속한 것은 아니지만,
너희 부부는 사교육에 의존하는 것만큼은 하지 않으려 했어.
사교육이 무조건 나쁘다고 생각한 것은 아니야.
너도 아이들이 원하면 피아노나 미술 교육을 받게 했지.
다만 학원 때문에 아이들이 지치지 않게 하려고 무척 애를 썼어.
아이들에게 원하는 일, 하고 싶은 일을
할 수 있는 시간을 충분히 주고 싶었으니까.
하지만 결코 쉬운 일은 아니었어.
정한이가 커가면서 주위에서 너를 보는 시선이 따가웠으니까.
아이를 학원이나 어린이집에 보내지 않는 너에게
"왜 그렇게 아이를 방치하냐?"고 비난하는 사람도 있었지.
또 어떤 사람은 "책 사려고 힘들게 대구까진 뭐하러 가?
그럴 시간 있으면 학습지나 좀 시켜."라고 충고하기도 했어.

서정희

> 학원 때문에 아이들이
> 지쳐서는 안 된다는 생각 때문이지.

하지만 학습지를 시키는 것도, 어린이집에 보내는 것도
너는 맞지 않다고 생각했지.
네가 직장에 나가 아이 돌보는 게 힘든 상황도 아니고,
언젠가는 네 곁을 떠나 자신의 삶을 살게 될 아이인데
벌써 밖으로 내보낸다는 게 영 내키지 않았던 거야.
정희야! 나는 알아, 네가 아이들을 방치한 게 아니라는 걸.
다만 다른 사람들과 너는 교육 방식이 다를 뿐이었어.
학습지를 시키지는 않았지만,
너는 네 나름대로 계획을 세웠잖아.
물론 계획이라고 해봐야 책을 많이 읽히는 것뿐이었지만,
너는 아이의 수준에 맞는 책을 수학, 과학 등
여러 영역에서 골고루 뽑아내 읽히려고 애썼어.

그런 어느 날 네게 참으로 황당한 일이 생겼지.

정한이가 일곱 살 무렵이었던 것으로 기억해.
아이가 좀 똑똑하다는 소문을 들은 방문학습지 교사가
네게 전화를 한 거야.
그 교사는 이런저런 말을 하던 중에
"정한이가 어느 정도의 지식이 되는지
제가 한번 테스트해 드릴게요."라고 제안했지.
너도 내심 아이의 수준이 궁금했던 터라,
썩 내켜하지 않으면서도 테스트에 응하기로 했어.
학습지 교사는 자신이 들고 온 자료로 이런저런 검사를 하더니,
정한이의 부족한 부분에 대해서 지적을 시작했지.
너무 오래된 일이라 자세하게 기억나지는 않지만,
그때 넌 몹시 불쾌했어. 그렇지?
학습지 교사의 궁극적인 목적은
정한이에게 학습지 교육을 받게 하는 것이었어.

이런 네 소신을 유지하기 쉽지 않았어.
"아이를 왜 그렇게 방치하느냐?"고
말하는 이도 있었어.

네가 아직은 학습지를 시킬 계획이 없다고 하자,
그 교사는 이웃에 똑똑하다고 소문난 누구누구도
자기가 지도한다면서
"그 아이들이 얼마나 많이 발전했는지 아세요?"라고 하는 거야.
그리고 심지어는 "정한이 어머니,
어느 대학교에서 무슨 과를 전공하셨어요?
나는 ○○대학에서 국어국문학을 전공했어요.
나는 이 분야에서 학력으로나 경력으로 자신이 있어요."라는
말까지 했어.
그 말을 듣는 순간 멍해진 네 표정은
참으로 많은 말들을 하고 있었을 거야.
그러나 네가 처음부터 거창한 교육관이나 뛰어난 능력의
소유자라서 아이들을 너와 남편의 소신대로 키우겠다고
결심한 것은 아니잖아.

그러니 흔들리지 말아야겠지.

그 후로도 너는 아이들에게 성적 때문에
사교육을 시키진 않았어.
그렇다고 아이들의 학교 성적에 무관심하지도 않았고.
너는 아이들의 능력과 형편에 맞는 문제집을 골라
자발적으로 매일 꾸준히 학습할 수 있게 유도했지.
학교에서 돌아오면 아이들은 학교 숙제 외에도
네가 내준 학습 분량을 꼭 소화했어.
너는 나중에 그것을 점검하고,
틀린 문제는 함께 풀기도 했지.
수학 문제의 경우에는 오답 노트를 만들어
약점들을 점검할 수 있게끔 해줬어.

문제를 만날 때마다 너는
여러 참고서들을 펼쳐 놓고
아이와 함께 해법을 찾아 나갔지.

정한이가 학년이 올라가면서 본 수학경시 문제에는
까다로운 것들이 가끔 나왔어.
그런 문제를 만날 때마다 너는 여러 참고서들을 펼쳐 놓고
아이와 함께 해법을 찾아 나갔지.
그 과정에서 아이는 어려운 수학 문제에 대한 두려움을
이겨 내는 것 같기도 했고,
더불어 끝까지 자신의 힘으로 문제를 해결하겠다는
다짐도 하는 듯이 보였어.
다른 과목의 경우에는 다행히도
네 아이들이 워낙 책 읽기를 좋아한 덕분에
특별히 신경 쓰지 않아도 좋은 성적을 받았지.

사교육과 관련해서 아무런 고비가 없었던 건 아니야.
정한이는 영어가 늘 문제였는데,

그 때문에 사교육을 시키지 않아도 된다는
네 생각에 일격을 가하는 일이 생겼어.
네가 살고 있는 고령은 대구에 인접해 있는 아주 작은 군이지.
그래서 더 나은 교육 환경을 찾아
대구로 옮겨 가는 사람들이 많이 있었어.
이처럼 외부로 빠져나가는 교육 이민의 수를
줄일 목적으로 만든 게 바로 교육원이야.
관내에 주소지를 두고 있는 모든 중·고등학생들이
이 교육기관에 입학하면, 6개월 동안 무료로
양질의 교육을 받을 수 있었지.
물론 시험을 봐서 일정 수준의 성적을 거둔 학생들에게만
입학 자격이 주어지지만.
정한이도 이 교육원에 들어가려고 시험을 봤어.
시험 과목은 국어, 수학, 영어였지.

아이를 키울 때는
소신이 중요하다고 생각해.
소신은 아이에 대한 믿음에서 나오는 거니까.

영어가 걱정스러웠지만,
정한이는 별다른 부담을 느끼지 않고 자신 있게 응시했어.
그런데 결과가 기대 이하였지.
영어에서 겨우 평균 점수를 받은 거야.
정한이도 자기 영어 점수가 낮은 데 놀라 눈물을 흘렸어.
문제의 영어 시험은 중학교 수준의 문법을 위주로
출제되었지.
출제된 문제를 보고 넌 생각했어.
'초등학교 6학년에게 중학교 수준의 문법 문제를 출제하는 건
사교육을 받으라는 뜻이겠지.'
솔직히 흔들렸어.
그래서 남편과 너는 영어를 어떻게 할지 무척 많이 고민했지.
이것 때문에 정한이가 영어에 대한 흥미를 잃지나 않을까
걱정스러워서 말이야.

너의 혼란스러운 마음을 정한이가 알았는지
"엄마, 저 혼자 다시 해볼게요. 이제부터 제대로 열심히 할게요.
문법책 쉬운 걸로 한 권만 사주세요."라고 말했어.
그 말에 넌 '그래, 맞아. 정한이를 믿어 보자.'라고 결심했고,
너도 아이와 함께 영어 공부를 시작했지.
잘했어, 정희야!
아이를 키울 때는 소신을 갖는 게 무엇보다 중요하다고 생각해.
소신은 아이에 대한 믿음에서 나오는 거니까.
부모가 아이를 믿는다면, 사교육은 아이가 필요로 할 때
시키면 되는 거야.
아이를 못 믿고 불안한 마음에 사교육의 손을 빌리는 건
돈도 버리고 아이도 버리는 일이라고 봐.
수학을 공부할 때 그랬듯이,
정한이가 실력이 훨씬 나아져서

서정희

사교육은 엄마 불안감 때문이 아니라 아이가 필요로 할 때 시키면 되지 않을까?

너보다 영어 문제를 잘 풀 날이 오리라 믿어 봐.
다른 건 몰라도 넌 믿는 것만큼은 자신 있잖아.
그러니 지금의 네 소신을 꼭 지키길 바라.

 엄마를 늘 미소 짓게 만드는 아들에게

정한아,

어느새 네가 중학생이 되었구나. 너의 고사리 같은 손을 잡고 초등학교 입학식에 간 것이 엊그제 같은데, 벌써 시간이 이렇게 흘러 버렸다니……. 살짝 돌아보았을 뿐인데도 참 많은 일들이 머리를 스치고 지나가고, 그 일들을 하나하나 짚어가노라면 엄마 입술에는 절로 미소가 그려진단다.

여태 그랬던 것처럼 엄마는 네가 무엇을 하든 원하는 일들을 하면서 살아가길 바라. 또한 그러리라고 믿어. 물론 많은 갈등과 어려움을 겪게 되겠지. 그때마다 이 일은 내가 원해서 하는 거야, 나는 이 일을 잘해 낼 수 있어, 라고 외치면서 극복할 거라고 봐. 그래서 이 사회의 당당한 일원이 될 거라고, 네가 가진 것을 필요한 사람들에게 기꺼이 나누어 주는 따뜻한 지성인이 될 거라고 엄만 굳게 믿어.

정한아, 중학교 생활 3년 동안 네 꿈을 위한 초석을 착실하게 다지렴. 또 우리가 계획하고 있는 가족 여행도 네 중학생 시절의 큰 추억거리가 될 수 있게 잘 준비하자꾸나. 너도 엄마도 잘해 낼 수 있을 거야, 그치?

그리고 엄마가 고민하는 게 하나 있는데, 말해도 되지? 요즘 네가 책 읽는 시간도 부족하다면서 운동을 게을리하고 있잖아. 엄만 그게 걱정이란다. 사람이 체력이 약해지면 하고 싶은 일들을 마음껏 할 수 없게 되거든. 그러니 하루에 30분만 시간을 내서 가벼운 산책이라도 했으면 좋겠다.

정한아, 엄마가 너에게 늘 말하지. 엄마의 소중한 아들로 태어나 줘서 고맙다고. 정말 고마워. 요즘 네 모습을 보면 벌써 엄마의 품을 떠나는 여행을 시작한 것 같아. 그 여행이 네 꿈을 향한 힘찬 걸음들이 되길 기도할게.

신정한, 아자아자 파이팅!

김영기

가족 사물놀이패
'공새미' 가족의 아버지

세계 일주와 아이들 학업 사이에서 고민하는 마흔한 살의 나에게

"여행에서 얻은 자신감은
아이들 인생에 큰 자산이 될 거야."

김영기

•

자녀를 위해 희생하는 부모가 아닌, 자녀와 함께 성장하는 부모가 되기 위해 애쓰는 가장이다. 2001년 아내랑 아이들과 함께 가족 사물놀이패 '공새미'를 결성해 국내외에 한국의 소리를 알려 왔다.

•

2004년에는 가족 모두가 세계 일주를 떠나 1년 동안 6개 대륙, 31개국, 100여 개 도시를 여행했다. 당시 고등학생이었던 큰딸 민정은 졸업 후부터 지금까지 워킹홀리데이로 호주에 머무르고 있다. 그리고 둘째 민수는 고등학교 3학년, 막내 현정은 초등학교 6학년에 재학 중이다.

•

현재 그는 한국리더십센터에서 리더십과 시간 관리, 비전 설정, 실행력 등의 강의를 하고 있으며, 뒤늦게 심리학에 관심을 느껴 서울사이버대학교 상담심리학과를 졸업하고 한양사이버대학원에서 심리상담을 공부하는 중이다.

•

자녀를 부모의 소유물이 아닌 하나의 독립된 인격체로 보려고 애쓰는 그가 아직 실현하지 못한 꿈은 제주도 도보 일주 및 전국 일주, 제주도 전 오름 답사, 서예 출품, 가족 음악연습실 마련, 그리고 사회복지시설 건립 등이다.

세계 일주와 아이들 학업 사이에서 고민하는 마흔한 살의
나에게

오늘도 하루 일과를 마치고 귀가하는 마음이 가볍지만은 않지?
2년 전에 갑자기 들이닥친 IMF로 많은 사람들이 실직하고,
용케 살아남은 자들도 언제 쫓겨날지 모르는 위기감 속에서
하루하루를 버텨 가고 있을 거야.
네가 정확히 마흔 살이 되던 작년 1월 1일 아침,
북한산 백운대를 오르면서 했던 고민들 기억하니?
너의 꿈, 너의 회사와 팀의 미래, 앞으로 남은 인생의 방향,
그리고 아이들의 교육 문제 등등.
시험공부를 전혀 하지 않은 부분에서 출제된

> 아이 셋을 키웠지만
> 자녀교육은 마치 답이 없는 문제를
> 푸는 것처럼 막막해.

주관식 문제를 앞에 놓고 막막해했던 느낌으로
마음속의 백지에 수없이 쓰고 지우기를 반복했지.
애당초 답이 없는 것인 줄 알면서도 그런 주제를 꺼낸 이유를
나는 이렇게 짐작해.
네가 오랫동안 꿈꿔 왔던 '가족과 함께하는
1년 동안의 세계 일주'를 실현할 수 있는 시간이 현실적으로
얼마 남지 않았다는 위기감,
그것이 본능적으로 널 자극한 것이라고.
네가 세계 일주를 꿈꾸기 시작한 것은
초등학교에 들어가기 전부터였어.
당시 아버지가 읽어 주시던 세계 여러 나라에 대해
소개하는 책들을 통해
너는 세상을 여행하는 네 모습을 상상했으니까.
그런데 그 꿈에 불을 지핀 결정적인 사건이 최근에 벌어졌지.

얼마 전 너는 일본 동경으로 출장을 갔다가,
우연히 지하철 선반에 놓인 한국 신문에서 "40대 가장이
전세금을 빼서 가족과 함께 세계 일주를 하기로 했다."는
내용의 기사를 보았어.
그날 밤 호텔로 돌아온 너는 잠을 설칠 정도로 가슴이 두근거렸지.
하지만 세계 일주의 꿈을 실행에 옮기자면 치러야 할 희생이
너무 많아 망설일 수밖에 없었어.
그중에서도 가장 큰 문제는 아이들의 학업이었지.
사실 처음에는 지금처럼 심각하진 않았어.
'휴학했다가 1년 후에 복학하면 되지 뭐.
친구들보다 겨우 1년 늦어질 뿐이야.'라고
대수롭지 않게 생각했거든.
그런데 아이들은 네 말을 듣고 주저했고, 넌 당혹스러워했지.
그리고 곧 문제를 진지하게 고민하게 되었어.

> 아무리 교육에 대한 소신이 강하다 해도
> 불안한 마음은 어쩔 수 없을 거야.

사실 아이들의 학업 문제는
새삼스럽다고도 할 수 없는 고민거리야.
세계 일주를 계획하기 전부터
아이들을 어떻게 교육시켜 올바른 사람으로 키워야 할지
늘 생각하고 또 생각해 왔으니까.
네가 가족 사물놀이단을 만들어 연습을 시작한 것도
아이들에게 학교 공부 외에도 봉사활동을 통한
전인교육의 장을 마련해 주고 싶었기 때문이지.
어쨌든 아이들의 학업 문제가 세계 일주 계획과 맞물리면서
훨씬 더 크게 부각된 것은 사실이야.
지금 이 순간에도 고민하고 있는 네 모습이 눈에 선하구나.
네가 고민하는 부분은 크게 세 가지일 거야.
하나는 아이들이 세계 일주를 다녀온 후에도
학교 생활에 잘 적응할 수 있느냐 하는 거고,

또 하나는 1년 후배들이랑 공부하는데
혹시 문제가 생기는 건 아닐까 하는 거지.
그리고 마지막 하나는 세계 일주 후에 당분간 네가
직업을 구하지 못하면 아이들의 교육비 마련에
문제가 생길 수도 있다는 점이야.
그중에서도 가장 고민스러운 부분은
역시나 아이들의 학업에 지장을 주지 않을까 하는 것이지.
막내 현정이는 유치원생이기 때문에 상관없지만,
중학교와 초등학교를 다니는 민정이와 민수를 생각하면
고민이 깊어질 수밖에 없어.
하지만 너무 걱정하지 말라고 조언해 주고 싶군.
세계 일주를 다녀와서도 아이들이 지금처럼
공부를 잘해 주면 좋겠지만,
성적이 좀 떨어지더라도

김영기

> 혹시 우리 아이만 경쟁에서
> 탈락해 불행해질지도 모른다는 불안감에서
> 너 또한 자유롭지 않지.

실망하거나 후회하지는 않을 거라고 생각해.
지금까지 공부는 교과서를 중심으로 하는
학교 성적이 전부였지만,
앞으로 하게 될 공부는 교과서에 나오지 않는,
살아 있는 세상 경험으로 충만할 테니까.
또한 그것들은 평생에 걸쳐
아이들의 지식과 정서에 중요한 양식이 되어줄 테니까.
뭐 아무리 그렇다 해도 네게는
어쩔 수 없이 불안한 마음이 들겠지.
하루에도 몇 번씩이나 생각이 왔다 갔다 할 거야.
너만의 문제라면 상관없겠지만,
이건 눈에 넣어도 아프지 않을
사랑하는 자녀들의 인생이 걸린 문제니까.
자, 그래도 이제는 결정을 내려야 할 시간이야.

김영기

결정의 시간이 늦춰지면 네 인생에서
가장 큰 꿈을 이룰 기회를 놓치게 될지도 몰라.
모든 것이 불투명하고 두렵더라도 너는 선택을 해야 해.
힘든 결정을 앞둔 너를 위해 들려 주고 싶은 말이 있어.
"우리는 인생의 마지막에 실패했던 일을 후회하는 것이 아니라,
하고 싶었지만 시도하지 않았던 일을 후회하게 된다."
자, 어때? 그래도 결정을 내리기 힘들어?
만일 그렇다면 1년 동안 가족이 함께하는
세계 일주 배낭여행을 상상해 봐.
여행하는 동안 네 가족들이 나눌 대화의 양은
지금까지 살아오면서 나누었던 대화의 양보다 훨씬 많을 거야.
또 여행을 다녀온 후에 정신적으로
크게 성장해 있을 세 자녀들의 모습을 떠올려 보라고.
그리고 모든 것을 순조롭게 이루어 낸

> 여행하는 동안 가족들이 나눌
> 대화의 양은 지금까지 살아오며 나눈
> 대화의 양보다 훨씬 많을 거야.

네 자신과 아내의 자랑스러운 모습도 곁들여서 떠올려 보고.
가슴이 두근거리지 않아?
물론 모든 사물에는 양면성이 있듯이
이번 일에도 기쁨만 있지는 않을 거야.
많은 어려움을 견뎌 낼 각오를 해야겠지.
가족이 1년 열두 달 서로 딱 붙어서 지낸다는 게
결코 즐거운 일만은 아니거든.
힘들 때는 신경이 날카로워져서 사소한 일에도
감정싸움을 크게 벌일 수 있으니까.
그리고 매일 얼굴 맞대고 지내다 보면
상대방의 약점이 더 크고 심각하게 보일 수 있으니까.
그래서 여행은 일상보다 더 많은 인내를 요구한다는 걸
잊지 말아야 해.
여행 중의 갈등보다 더 큰 어려움은

여행 후의 적응 문제라고 봐.
너는 너대로, 네 아내는 아내대로, 아이들은 아이들대로,
모두가 자신 앞에 놓인 일상에 적응해 나가야 해.
특히 한창 예민한 사춘기의 큰딸과 아들한테는
학교에서 1년 후배들과 같이 생활하는 게 쉽지 않을 수 있어.
이런 것들이 아이들의 학업에 분명 영향을 미치겠지.
그때는 세계 일주를 기획하고 주도한 너도
여행을 다녀온 것에 대해 후회하게 될지 몰라.
아무리 네가 생각하는 전인적인 교육이
옳은 교육법이라고 하더라도,
네 친구들의 자녀들과 성적을 비교하면서
가끔은 불안하고 초라해질 거야.
그리고 여기에다 경제적인 어려움까지 겹친다면
더 말할 나위가 없겠지.

> 세계 일주 배낭여행의 후유증이
> 아무리 크다 할지라도 너는
> 과감하게 결정을 내릴 수밖에 없는 운명이었다고.

하지만 결론적으로 너는 깨닫게 될 거야.
세계 일주 배낭여행의 후유증이 아무리 크다 할지라도
너는 과감하게 결정을 내릴 수밖에 없는 운명이었다고.
그리고 10년이 지난 후 다시 그 시절로 돌아간다고 해도
그런 결정을 내릴 수밖에 없었을 거라고.
인생의 중반기에 큰 결심을 하고 세계로 나아가려는
너와 네 가족에게 행운이 있기를 진심으로 바란다.
세계 일주 후에 어떤 모습으로 변해 있을지는 아무도 몰라.
그건 여행을 하는 동안 너와 가족들이 겪게 될
체험의 질에 달려 있겠지.
부디 좋은 결과 얻기를. 네 꿈에 건투를 빈다.

 호주에서 열심히 일하면서 공부하는
큰딸 민정이에게

민정아, 오랜만이구나. 건강하게 잘 지내고 있지?

오늘 아빠가 이렇게 너에게 편지를 쓰는 것은 우리 가족의 삶에 대해 이야기하고 싶어서야. 아빠한테는 감사할 일들이 많단다. 그중에서도 가장 크게 감사할 일은 네가 호주에서 열심히 생활하면서 젊은 날의 경험을 만끽하고 있는 것이란다. 네 몸과 마음이 모두 건강하다는 게 무엇보다도 큰 기쁨이야.

일하면서 공부하느라 힘들지? 아빠한테 좀 더 여유가 있어서, 네가 호주에서 대학에 다닐 수 있도록 지원했다면 좋을 텐데, 그러지 못해 정말 미안하구나. 가끔 아빠는 세계 일주를 결정한 것을 후회할 때가 있단다. 내 결정이 너희들의 교육에 좋지 않은 결과를 가져온 건 아닐까 하는 두려움이 엄습할 때지. 친구들보다 학업이 1년 늦어진 것도 그렇고, 세계 일주 후에 경제적인 여유가 없어서 너와 민수에게 변변한 사교육 한번 시켜 주지 못한 것도 아빠로서 못내 안타깝구나. 이런 문제들 때문에 너희들이 앞으로 사회에 진출하는 데 걸림돌이 되지 않을까 하는 염려도 솔직히 없는 건 아니야.

하지만 민정아, 아빠와 엄마는 우리 가족이 세계 일주로 잃은 것보다는 얻은 것이 훨씬 많다고 자부하고 있단다.

생각나니? 민수랑 우리 셋이서 5박 6일 동안 킬리만자로 정상에 도전했던 일? 마지막 캠프인 키보헛에서 아빠와 민수는 심한 고산병 때문에 한밤중에 하산을 했고, 너는 기어이 혼자 남아서 정상 도전에 나섰지. 그리고 마침내 5,895m의 킬리만자로 정상에 올라섰잖아. 네가 정상에서 내려오는 길에 아빠가 마중을 나갔지. 그때 네게 해주었던 이야기, 아직도 기억하고 있니?

"민정아, 정말 장하다. 아빠는 네가 킬리만자로 정상을 다녀온 것만으로도 우리 가족이 세계 일주에 들이는 1억 원이라는 비용을 충분히 보상받았다고 생각해. 네가 혼자서 킬리만자로 정상을 밟은 게 1억 원의 가치만 있겠니? 앞으로 인생을 살아가면서 요긴하게 쓸 자신감만 따져 봐도, 그보다 몇 배 아니, 몇 십 배 더 큰 가치가 있을 거야."

아빠는 지금도 킬리만자로를 생각하면 눈가가 촉촉해진단다. 세계 일주 전에는 노래 제목으로만 존재했던 킬리만자로가 이제는 단순한 산 이상의 가슴 뭉클한 그 무엇이 되어 너와 아빠의 가슴에 남아 있으니까.

그런 곳이 어디 킬리만자로뿐이겠니? 300일이 넘는 시간 동안, 우리 가족은 세계 곳곳을 누비며 추억을 만들었어. 그 모든 것들이 우리 모두에게 공통의 체험으로 남아 아직도 가슴을 두근거리게 한단다. 여행에서 만난 아름다운 자연과 사람들은 우리가 '함께' 하고 있었기에 더 큰 의미가 있는 거야.

아빠는 세계 일주로부터 받은 가장 큰 선물을 자신감이라고 생각해. 50줄에 들어선 아빠에게야 남은 인생에 자신감이 큰 영향을 미치겠냐만, 청소년기인 너와 민수, 현정에게는 아마 돈으로 계산할 수 없는 엄청난 자산이 될 거라고 믿어 의심치 않지. 지금 네가 낯선 땅 호주에서 2년 가까이 혼자서 활기차게 생활해 나가는 것도 세계 일주와 킬리만자로에서 얻은 자신감 덕분일 거야.

민정아, 아빠가 전에 메일에도 썼지만, 미래의 비전을 명확히 하는 건 매우 중요한 일이야. 하지만 너무 서두르지는 마라. 미래의 비전이 중요한 만큼 현재의 생활도 중요한 거니까. 현재를 충실히 살아내야 미래를 경영할 수 있는 힘과 지혜를 얻을 수 있으니까. 그러니 우리 여유를 갖고 천천히 생각하자.

　너는 우주에서 하나뿐인 유일한 존재이고, 너에게는 무한한 가능성이 숨겨져 있다는 사실을 마음속 깊이 인정해 보렴. 그럼 네 자신을 스스로 사랑할 수 있을 거야. 그리고 자신을 진정으로 사랑할 수 있을 때 비전을 세우는 일을 시작해도 늦지 않아.

　그곳 날씨는 많이 변덕스러운 것 같은데, 늘 건강 조심하고, 오늘 하루도 소중하고 알차고 행복하기를 빈다.

우갑선

네 손가락 피아니스트
이 희 아 의 어 머 니

쉰다섯 살의 우갑선이 대책 없이 용감한 서른 살의 우갑선에게

"생긴 모양이 다르다고 해서
무시해서는 안 돼!"

우갑선

- 서울원호병원 간호사로 근무하다가, 병원에서 입원 치료 중인 하반신 마비의 상이군인 환자 이운봉 씨를 만나 결혼했다. 8년 후 딸을 낳았는데, 양손에 각각 손가락이 두 개뿐이고 무릎 아래 다리가 없는 선천성 사지기형 장애를 안고 있었다. 남과 다른 모습 때문에 아이는 태어나면서부터 주위 사람들의 걱정과 근심을 샀다. 그 아이가 여섯 살부터 네 개뿐인 손가락으로 피아노 연습에 매달려 마침내 피아니스트로 세상에 이름을 알린 이희아이다.

- 지금 스물다섯 살의 숙녀가 된 희아의 키는 서너 살 어린이에 해당하는 103cm. 육신의 장애에도 아랑곳없이 아름답고 경쾌하게 연주하는 희아의 피아노 음악은 슬퍼하는 사람에게는 기쁨을, 절망하는 사람에게는 희망을 선물하고 있다. 10년 전에 하늘나라로 먼저 간 아빠가 딸의 피아노 소리를 듣고 행복하길 엄마는 항상 기도한다.

- 날개 없는 음악 천사로 활약 중인 딸과 엄마는 장애극복 대통령상을 비롯해 신지식인 청소년상 및 문화예술인상, 보훈대상, 아산효행상, 장한 어머니상 등을 수상하면서 이웃과 함께 더불어 사는 행복한 삶을 나누고 있다.

쉰다섯 살의 우갑선이 대책 없이 용감한 서른 살의
나에게

사랑하는 갑선아, 네 이름을 불러 줄 수 있어서 좋구나.
희아엄마가 되기 전에 너의 이름은 그냥 갑선이었다.
사람들은 너를 그냥 그렇게 불렀지.
"갑선아!"
하지만 지금 네 이름은 '희아엄마'이다.
얼마나 곱고 어여쁜 이름인지, 나는 지금의 네 이름도
썩 마음에 든단다.
갑선이 네가 희아엄마로 다시 태어나던 날은
잊을 수 없는 날이었다.

> "손가락이 두 개밖에 없는 애를
> 어떻게 키워?
> 발이 성한 것도 아니고."

환희와 감격의 날이 되어야 할 그날,
사람들은 네게 축복의 말 대신 아픔을 주는 말들로
너의 새 이름을 불렀지.
"희아엄마는 전생에 무슨 죄가 많아서 이런 기형아를 낳았을까?"
"희아엄마, 어떡해! 아이를 다른 곳으로 보내야 하지 않겠어?
무슨 수로 감당하려고 그래?"
"희아엄마, 큰일이네. 손가락이 두 개밖에 없는 애를 어떻게 키워?
발이 성한 것도 아니고."
걱정과 근심에 찬 그 무수한 말들이
네 가슴에 얼마나 많은 화살을 꽂았는지,
지금도 나는 생생하게 기억한다. 사람들은 말했지.
멀쩡한 사람도 살기 힘든 세상인데
성하지도 않은 아이를 데리고 어찌 살까?
불행이 불을 보듯 훤하다고 말이야.

너는 절벽처럼 캄캄한 어둠 속에 엎드리고는
간절히 기도를 드렸지.
"하느님, 우리 아기를 제발 행복하게 해주세요."
그때 네 귀에 생생하게 들린 목소리가 있었어.
"갑선아, 생긴 모양이 다르다고 해서 무시해서는 안 된다!"
쩌렁쩌렁 네 가슴을 울리던 그 목소리는
너의 정신을 깨우고 몸을 일으켜 세웠지.
너는 그때야말로 네가 희아엄마로
다시 태어난 순간이라고 믿게 되었지.
그 후 아기의 얼굴을 보니 이전과 전혀 다른 느낌이었어.
정말 티 없이 맑고 순진무구한,
세상에 둘도 없는 소중한 아기가 너를 보며 환하게 웃고 있었어.
얼마나 사랑스러운 얼굴이었는지.
두 개뿐인 손가락이 갓 피어난 튤립 꽃처럼 예쁘고 고와 보였어.

우갑선

> "하느님, 제발 우리 아기를
> 행복하게 해주세요."
> 캄캄한 어둠 속에서 너는 간절히 기도했어.

얼굴은 보름달처럼 환하게 피어나
세상의 어둠을 다 몰아낼 것처럼 빛났지.
너는 용기가 불끈 솟았어.
세상 사람들은 끊임없이 너와 네 아기에게
뾰족한 돌멩이를 던졌지만,
그 순간부터 더 이상 너는 그 돌멩이에 상처를 입거나
피 흘리지 않았지.

눈에 보이는 모습은 사실 알고 보면 대단한 게 아니야.
사람들은 보이는 것과 들리는 말에만 의지해 살지만,
그들의 선택이 늘 옳은 건 아니란다.
거짓된 것들이 눈을 가리고 달콤한 소리들이 귀를 막아서
인생을 그르치게 하는 예는 수도 없이 많아.
서른 살의 너는 결국 현명하고 옳았어.

신념을 지키기 위해 때로 네 자신이 철면피처럼 느껴져
괴롭기도 했지만, 그건 용감하고 당당한 행동이었어.
지금 와 생각해 보니, 고통을 견디고 참아 낸 네가
자랑스럽고 고맙기 그지없구나.
너는 앞으로 펼쳐질 네 인생이 두렵고 무서웠지.
편견이라는 창에 가슴이 찔리고,
동정이라는 말의 칼날에 심장이 베이고,
때론 원망의 돌에 맞아 온몸이 피멍으로 뒤덮일 것을
알고 있었지만, 너는 끝내 신념을 버리지 않았어.
하지만 한편으로 너는 네 청춘이 가엽고 안쓰러워
눈물을 삼켜야 했지.
아이가 성인이 되어 제 몫을 해낼 때까지 크려면,
너는 숱한 시련의 나날을 인내하며 견뎌야 할 테니까 말이야.
그토록 어렵게 이루어 낸 남편과의 사랑도

너는 앞으로 펼쳐질 네 인생이
두렵고 무서웠어.

머잖은 날엔 지치고 상처 입어 피투성이가 될 게 뻔했지.

돌이켜 보면 젊은 날의 너는 참 대책 없이 용감했다.
희아엄마가 되기 전에도 한 남자와 사랑을 이루기 위해
무던히도 투쟁했으니까.
덕분에 한 남자의 인생을 고스란히 간직하게 되었지.
오래전 천하를 가진 듯 용감무쌍하고 혈기왕성한
젊은 군인이 있었어.
그는 어느 날 군 작전을 수행하다
갑작스런 중상을 입게 되었지.
사경을 헤매다 눈을 뜬 그는 하반신 마비의
척수장애 상이군인이 되어 있는 자신을 발견했지.
얼마나 괴로웠을까.
하지만 소위는 강한 사람이었어.

그의 빛나는 눈빛을 보고 간호사이던 네가 반할 정도였으니까.
당시 원호병원의 간호사로 있었던 너는
사람들의 강경한 반대를 무릅쓰고 그 빛나는 눈빛을 지닌
군인과 결혼을 단행했지.
그때의 너를 생각하면 나는 세르반테스의 희곡에 나오는
'돈키호테'가 생각난단다.
세상의 풍차를 향해 돌격하는 여자 돈키호테!
나는 홀로 무대에 서서 목청껏 사랑의 세레나데를 부르던
젊은 날의 네게 박수를 보낸단다.
그러나 안타깝게도 네 외로운 싸움은 거기서 그친 게 아니었어.
결혼 후 희아를 낳고 더 커다란 풍차와 맞서 싸워야 했으니까.
그 한가운데는 애석하게도 네가 사랑하는 남편이 있었지.
희아 아빠는 네가 그동안 뛰어넘어야 했던
그 어떤 세상의 벽보다도 높고 견고했어.

병신 몸으로 태어난 것도 불쌍한데 왜 아이를 괴롭혀?
너같이 잔인한 엄마는 세상 천지에
너 하나밖에 없을 거다.

"병신 몸으로 태어난 것도 불쌍한데 왜 아이를 괴롭혀?
팔자에 없는 피아노를 가르친다고 왜 애를 학대해?
너같이 잔인한 엄마는 세상 천지에 너 하나밖에 없을 거다."
너는 세상의 돌보다 더 뾰족한 남편의 비난을 들으며
하루하루를 슬픔 속에서 보내야 했어.
고통의 나날이었지. 아무도 네 편을 들어 주지 않았어.
자신의 명예를 위해 불구의 아이를 괴롭히는
못되고 잔인한 엄마로 너를 매도했지.
너는 다시 춥고 아프고 외로운 시간을 보내야 했어.
뼛속까지 시리고 살이 에일 것 같았던
매서운 폭풍의 나날들이었지.
너는 그 험한 눈보라 속을 헤매며 어린 것의 손을 붙잡고
꽁꽁 얼어붙은 세상의 강을 맨몸으로 건너야 했지.
"희아에게 피아노를 가르친다는 것은 엄마의 욕심입니다."

피아노 학원의 원장님조차 네 마음을 이해하지 못했어.
"희아는 할 수 있어요. 지금 당장은 할 수 없지만,
이 아이는 반드시 해낼 겁니다. 두고 보세요!"
너는 오기가 발동해서 세상을 향해 소리쳤어.
태어나 처음 만져 보는 피아노 건반이었지만,
너는 곧 그 건반 위를 달리게 될 두 손가락의 미래를 믿었던 거야.
건반을 두드리다 보면 희아의 두 손가락이
정상인의 다섯 손가락 못지않은 힘을 갖게 될 거라고 확신했지.
음악에 문외한이었던 너는
피아노 악보를 보고 또 보며 혼자 골몰했어.
'어떻게 해야 우리 희아가 이 악보를 이해할 수 있을까.'
너는 희아가 피아노 건반을 두드리는 것이
곧 행복의 문을 두드리는 시작이 될 거라고 생각했지.
하지만 한편으로 걱정스럽고 두려웠어.

> 너는 희아가 피아노 건반을 두드리는 것이
> 곧 행복의 문을 두드리는 시작이
> 될 거라고 믿었어.

손가락에 지능까지 모자란 희아가
네 강압적인 교육방식에 진저리를 치며 사람들을 향해
"엄마가 죽어 버렸으면 좋겠어요!" 하고 절규할 것만 같았지.
날마다 너는 가위에 눌렸어.
꿈속에서 희아가 그렇게 말하는 걸 들은 이후로
너는 잠을 자는 게 두렵고 꿈을 꾸는 게 무서웠지.
하지만 현실 속의 희아는 점차 네게 희망의 빛을 보여 주었어.
맑고 밝은 천사 같은 아이는 하루 열 시간의
혹독한 연습을 견뎌 내며 조금씩 성장하기 시작한 거야.
기적 같았지.
여섯 살 어린 나이에 벌이는 피아노와 혹독한 사투속에서
굳건히 참고 이겨 내는 네 딸 희아에게서
너는 눈부신 가능성을 발견하게 되었지.
너는 작고 여린 나비에게 채찍을 휘두르기 시작했어.

"인내심이 필요해. 조금만 더 버텨.
다른 아이들이 악보의 한 마디를 연주하는 데 5분이 걸릴 때,
너는 100배 이상의 시간을 투자해야 해.
그래야 해낼 수 있어. 보여 주는 거야,
네가 당당히 해내는 모습을 사람들에게 보여주는 거야."
너는 희아에게 모든 것을 걸었지.
그러던 어느 날 기적처럼
희아가 〈나비야 나비야〉를 연주한 거야. 완벽했지.
오, 맙소사! 우리 희아가 음악을 연주하다니.
그 소리는 교향악보다 웅장하고 감동적이었어.
네 두 볼에는 어느덧 뜨거운 눈물이 흘러내리고 있었지.
보석 같은 눈물이었어.
나는 그날의 너에게 다시 박수를 보낸다.
갑선아, 잘했어. 아주 멋지게 해낸 거야.

> 마침내 희아는 단단한 고치를 뚫고
> 세상을 향해 멋지게 날아올랐어.
> 꿈이 현실이 된 거야.

희아는 참으로 착한 아이였어.
혹독한 연습을 통해 자신의 한계를 극복하고 일어선
의지가 강한 아이였어.
한 마리의 애벌레 같았던 희아가 단단한 고치를 뚫고
세상을 향해 멋지게 날아오르던 장면은 상상이 아니었어.
꿈이 현실이 된 거야.
너는 희아의 두 손이 나비가 되어 피아노의 건반 위를
춤추던 광경을 잊을 수 없을 거야.
이제 그 나비는 서울 상일동을 벗어나 세계로 날아갔구나.
네가 눈물로 기도하던 일이 이루어진 거야.
희아는 네 딸이 아닌 온 세상의 딸이 되어
세계와 세계의 경계를 허물고 아름다운 선율을 실어 나르는
사랑의 전령사가 되었어.
불행을 점치던 사람들은 이제 희망을 이야기하고 있어.

그들은 희아를 향해 말하지.
"우리의 희망이야!"
"너는 기쁨을 주는 아이야!"
"행복을 부르는 천사야!"

갑선아, 그동안 고생이 많았다.
하지만 희아가 행복을 찾게 된 것은
너의 노력과 기도 때문만은 아니야.
너도 알다시피 희아는 원래부터 행복한 존재였단다.
스물다섯 해 동안 희아와 함께 살아온 내가
누구보다 잘 아는 사실이지. 희아는 홀로 위대한 아이야.
아무리 독한 시련과 고난이 와도 쓰러지지 않고 상처받지 않았지.
세상 사람들이 뭐라 해도 엄마가, 아빠가 뭐라 해도
희아는 *끄떡*하지 않았어.

희아는 원래부터 행복한 존재였어.
또 홀로 위대한 아이라서
아무리 독한 시련과 고난이 와도 쓰러지지 않았어.

그 까맣고 맑은 눈동자로 모든 것을 긍정하고 받아들이며
인정했지.
늘 종달새처럼 지저귀고 햇살처럼 웃었어.
103cm의 키에 꼭 맞는 정신연령을 가진 희아!
희아가 있어서 나는 지금 너무 행복해.
그리고 앞으로도 더 행복하게 될 거야.
갑선아, 너는 훌륭하고 멋진 최고의 선택을 했어.
그래서 이렇게 지금의 내가 행복을 누릴 수 있는 거야.
서른 살의 우갑선, 정말 고맙다.

 소중한 내 딸, 희아야!

네가 아기였을 때, 네 두 손가락은 너무 작고 약했단다. 마치 여리디여린 꽃잎을 오므리고 있는 한 송이 튤립 꽃봉오리 같았지.

그런데 이제 희아의 나이도 어느덧 스물다섯이구나. 하지만 네 손가락만큼은 여전히 고운 꽃잎 같아서 용광로처럼 활활 타오르던 세월의 불길을 지나온 흔적이 없구나. 변한 것이 있다면 항상 아이처럼 어리고 해맑아 보이던 얼굴이 이제 활짝 피어나 비로소 한 사람의 여인으로 성숙함을 발하고 있다는 거야.

소중한 내 딸, 희아야!

나는 지금도 네가 태어나던 때를 기억한단다. 너는 분명 사랑을 주기 위해 태어난 아이였어. 세상 사람들은 네가 품고 있는 참사랑을 알지 못했지만, 나는 네가 태어나던 순간부터 지금까지 그 숱한 나날 속에서 네 큰 사랑을 확인했단다.

세상에서 가장 작은 피아니스트인 너는 그 높은 무대에 오르기 위해 고난의 시간을 홀로 감당하며 이겨 내야 했어. 너의 발돋움은 위대했지. 사람들은 너를 통해 감동의 눈물을 흘리며 자신을 돌아보았단다. 그리고 제각기 가슴속에 별처럼 빛나는 작은 사랑의 씨앗 하나를 품게 되었어. 물론 네 겉모습만 보고 돌아가는 사람도 많았단다. 실망과 상심이 있을 법한데도 너는 참 밝고 당당했으며 의연했지. 그런 네 모습이 얼마나 겸손하고 예뻐 보였는지 모른단다.

희아야,
요즘의 너는 참 평화로워 보이는구나. 아마도 무엇이든 노력하면 다 이루어진다는 사실을 네가 누구보다 잘 알고 있기 때문일 거야. 그런 까닭에 엄마는 다시 새로운 소망 한 가지를 품게 되었단다. 그것은 우리 희아가 많은 사람들에게 받은 사랑만큼 다시 그 사랑을 돌려줄

줄 아는 사람이 되었으면 하는 거야.

 자신감을 잃고 주저앉아 울고 있는 이웃들에게, 외로운 영혼들에게 네가 희망이 되고 위로가 되며 기쁨이 되길 바란단다. 그러기 위해선 언제나 이웃의 얘기에 귀를 기울이고, 그들의 삶에 관심을 가져야 한단다. 너의 선율이 마음 아픈 이들의 상처를 감싸고 아물게 하는 치료제가 되기를, 불행한 사람들을 위로하고 사랑의 빛으로 어둠을 몰아내는 수호천사의 음악이 되기를 간절히 기도한단다. 하루속히 모두가 행복을 노래하는 세상이 왔으면 좋겠구나.

 희아야!
 지난 겨울은 유난히 추웠다. 추운 겨울에도 봄을 준비하는 목련처럼 성실하게 내일을 준비하길 바란다. 더불어 네 인생의 봄날을 위해 손끝 시린 날들을 당당하게 감당해내길 바란다.
 앞으로도 엄마는 돈키호테처럼 앞만 보고 나아갈 거야. 거대한 풍차와 싸우고 현실의 장벽을 뚫고 걸어가며 언제나 네 곁에서 너와 함께할 거야. 엄마의 혹독한 훈련을 잘 견뎌내고 끝내 환희의 미래를 선물한, 장한 내 딸 희아야!

고마워, 그리고 사랑해! 이희아 만세!

한 연 희

7남 2녀를
입양한 어머니

둘째를 입양하고 진짜 엄마가 되기 위해 시행착오를 겪는 나에게

"더 잘해 주는 것도 차별이란 걸 꼭 기억해 줘!"

한연희

●

단 한 번의 산고를 겪고 8남 2녀를 품에 안은 행복한 엄마. 첫째 아들은 출산으로, 7남 2녀는 입양으로 한 가족이 되었다. 결혼 전 해외 입양을 주제로 한 다큐멘터리를 보고 입양을 결심한 한연희 씨는 1990년에 처음으로 둘째를 입양한 후 지난해까지 시각장애아, 지적장애아를 포함하여 아홉 명의 자녀를 입양했다. 부모가 자녀를 선택할 수 없는 것이 세상 이치이므로 입양을 할 때도 성별, 외모, 건강 상태 등의 조건을 따지지 않았다.

●

부모 자식 관계로 만나기 전 각자 파란만장한 인생경험을 가지고 있으므로 각기 다른 유전적인 배경, 튀는 개성과 성격, 각종 혈액형을 모두 갖춘 것이 이들 가족의 특징. 엄마인 그녀는 자녀들의 독특한 개성을 맘껏 살려 서로 조화를 이루도록 신경을 쓰고 있다. 타인의 다름을 존중할 줄 알면서도 자기 것을 소중하게 지킬 줄 아는 사람으로 성장하는 것이 바람이다.

●

더 나아가 입양에 대한 편견 없는 세상을 바라는 마음에서 한국입양홍보회 회장으로 일하고 있다.

둘째를 입양하고 진짜 엄마가 되기 위해 시행착오를 겪는
나에게

"아버님, 어머님, 정말 고맙습니다. 잘 키울게요!"
1990년 4월 8일, 너는 눈물을 글썽이며 훨훨 나는 새처럼
격앙된 목소리로 시부모님께 이렇게 외쳤어.
그날은 너에게 참으로 뜻 깊은 날이었지.
네 오랜 바람인 입양에 대해 가족들로부터 동의를 얻은 날이니까.
온 가족의 동의를 얻어 네가 처음으로 가슴 아파 낳은 아이는
일곱 살 남자 아이였어.
그 아이에게 너와 가족은 기쁠 희, 땅 곤, '희곤'이라는
새 이름을 지어 주었지.

> 이루어질 수 없는 꿈을 간직한 때문인지
> 그 후로 희곤이는 자꾸 네 눈에 들어오는
> 특별한 아이가 되었어.

희곤이의 꿈은 군인이었어.
보육원에서 희곤이를 만나면서 군인이 되고 싶다는 말을
처음 들었을 때 너는 가볍게 넘기질 못했어.
너무 슬펐거든. 왜냐하면 고아는 군인이 될 수 없거든.
그러니까 희곤이의 꿈은 본래부터 이루어질 수 없었던 거야.
이루어질 수 없는 꿈을 간직한 때문인지 그 후로 희곤이는
자꾸 네 눈에 들어오는 특별한 아이가 되었어.
그리고 마침내 희곤이가 네 아들이 되던 날,
너는 희곤이 꿈이 꼭 이루어지도록 바라는 마음으로
이렇게 말했어.
"우리 아들, 꿈이 군인이랬지? 군인 중에서도 장군이 되는 거야.
엄마가 있는 힘껏 뒷바라지해 줄게!"
"네!"
입모양으로 겨우 대답하는 너를 꼭 안아줬단다.

그 후로 희곤이의 꿈은 너에게 반드시 해내야 할 과제가 되었어.
그래야 남들이 희곤이를 깔보지 않을 것 같았으니까.
그게 네가 희곤이에게 줄 수 있는 가장 귀한 선물이자
사랑이라고 여겼던 거야.
너는 희곤이를 정말 잘 키우고 싶었어.
더는 고아가 아닌, 누가 낳았는지 모른다는 이유로
근본을 모른다는 식의 무시하는 태도를 용납하기 싫었어.
아무도 무시하지 못하게 해주고 싶었던 거야.
그 후로 너는 신이 나서 희곤이를 키웠지.
네가 있는 힘껏 뒷바라지하면 희곤이가 뭐든 다
잘할 것 같다는 마음에 너는 희곤이에게 집중했어.
태권도, 수영 등등 그 또래 아이들에게 가르칠 수 있는 모든 걸
가르치고, 예의범절도 익히게 하고, 책도 많이 읽게 하고…….
그런데 지나치면 모자라는 것만 못하다 했던가.

> 지나치면 모자라는 것만 못하다 했던가.
> 어느 순간 넌 엄마가 아니라
> 조교가 되어 있었어.

어느 순간 넌 엄마 역할이 아니라
사랑이라는 이름으로 조교 역할을 하고 있었어.
너도 지치고 희곤이도 지치고…….
또 희곤이는 자기다웠던 건데 그걸 깨닫지 못하고
전문가를 찾아다니느라 돈푼 꽤나 날려야 했지.
그렇게 시행착오를 겪은 후에야 알았어.
어쩌면 네 마음속 깊은 곳에서
큰애와 다르게 느껴지는 낯선 감정들을 감추고 싶어서
더 극성스러운 엄마 역할에 몰두했을지도 모른다는 것을.
솔직히 입양아에 대한 다른 사람들의 불안한 시선 때문에
큰애와 다르게 둘째애한테 학업, 예절 등 모든 면에서
책잡히지 않도록 더욱 다그쳤어.
아이가 무시당하지 않도록,
또 사람들에게 네 선택이 옳았다는 것을 보여야 하니까.

그걸 객관적으로 보여 주는 모습은
희곤이가 좋은 학교, 좋은 직장을 갖는 거였어.
희곤이의 존재 그 자체가 엄마의 기쁨이 되기까지,
진정한 의미에서 희곤이 엄마가 되기까지 참 많은 시간이 걸렸어.

연희야,
지금은 네가 알지 못하겠지만,
희곤이를 통해 너는 서로 부대끼며 정으로 사는 게 가족이란 걸,
사랑은 피보다 진하다는 걸 절실히 느끼고
앞으로 더 많은 아이들을 가슴으로 낳게 돼.
그 길에서 항상 기억해 줘.
더 잘해 주는 것도 차별이라는 것을.
입양은 낭만이 아니라 현실이라서
사실을 있는 그대로 받아들일 때 진정한 가족이 된다는 것을!

입양은 낭만이 아니라 현실이야.
있는 그대로 현실을 받아들일 때
진정한 가족이 될 수 있어.

그러고 나면 너도 한 단계 더 발전해 알게 될 거야.
아이들을 똑같이 대하는 게 아니라 공평하게 대해야 한다는 것을.
각각의 필요에 따라 해주는 게 공평한 것이라는 것을!

 사 랑 하 는 희 곤 이 에 게

희곤아,

어느덧 네가 서른을 바라보는 어른이 되었구나. 너는 엄마에게 많은 깨달음을 준 아들이란다. 너로 인해 엄마와 아빠는 용기를 갖고 네 동생들을 가슴으로 낳을 수 있었지.

생각나니?

생후 6개월짜리 하선이를 가운데 두고 온 가족이 아기의 작은 반응 하나에 웃고 호들갑을 떨며 즐거운 시간을 보내던 1998년 가을 즈음, 네가 나한테 물었어.

"엄마, 형도 이만할 때 이랬어?"

그 간단한 질문에 엄마는 커다란 몽둥이로 뒤통수를 얻어맞은 것처럼 정신이 아찔했어. 그렇게 묻는 게 아니거든. 보통은 이렇게 물어.

"나 어릴 때도 저랬어?"

엄마는 얼른 담담하게 말했지.

"너도 이만할 때 이랬어."

"쳇, 보지도 않았으면서."

너는 탁 튀는 탁구공처럼 따져 물었어.

그래, 엄마는 보지 않았어. 분명 보지 않았지. 너는 일곱 살에 우리 가족이 되었고, 너를 처음 봤을 때 너는 네 살이었으니까. 엄마는 가슴이 터질 것 같았어. 애써 시선을 감추느라 자세를 바꿔 앉으며 대답해 줬단다.

"모든 아기들은 이렇게 하면서 크는 거야. 그래야 밤잠 설치고 박박 울어 대면서 힘들게 해도 힘든지 모르고 키우는 거거든. 단지 넌 봤던 사람들이 말해 주지 못하는 것뿐이야."

그날 밤, 엄마는 잠을 이루지 못했어. 밤새 울었지.

입양 이후, 사실 엄마는 형과 네가 다르게 느껴지는 인간적인 한계를 가지고 있었단다. 똑같이 해주고 싶고, 실제로 똑같이 해줘도 맘속에서 자꾸만 다르게 와닿는 거리감이랄까? 무언가 개운치 못한 부분이 있었어. 형체도 없는 죄책감이 엄마 마음을 후벼 파기 시작하면 수치심 때문에 아주 힘들었어. '내가 과연 이 아이의 엄마가 될 자격이 있는가?'라는 질문이 끊임없이 엄마를 괴롭혔거든. 입양 때문에 생기는 어쩔 수 없는 문제라고 여겨지면 더없이 쓸쓸했고.

그러면서도 한편으로 이렇게 위로했단다.

'일곱 살이나 된 남자 아이를 누가 입양하겠어? 솔직히 얼굴도 비호감이잖아. 우리가 완벽한 부모는 아니지만, 이제라도 우리를 만난 것은 정말 다행이야.'

그런데 그날 알게 되었어. 형과 네가 다르게 느껴졌던 것은 입양 때문이 아니라, 7년 동안 함께하지 못해 생기게 된 낯설음 때문이라는 걸. 너를 좀 더 일찍 입양했어야 했던 거야. 네가 성장하는 전 과정을 엄마가 지켜봤다가 그 순간순간을 다 말해 줬어야 했던 거야.

엄마의 어리석음은 지금 생각해도 눈물이 난단다. 너의 엄마가 되기까지 무려 8년이 걸린 셈이야. 끔찍하지 않니?

너와의 시행착오, 어리석음을 잘 극복할 수 있도록 엄마 곁에서 아들로 커줘서 고마워.

"입양했다고 해서 차별은 받아본 적 없지만 불쌍하게 바라보는 시선을 느낄 때는 있었어요. 하지만 따지고 보면 불쌍한 부분도 있잖아요. 그러니까 상관없어요."

차별받은 적 없냐는 질문에 네가 거침없이 시원스럽게 대답해 주는 모습을 볼 때마다 엄마는 네가 늠름한 장군이 된 것보다 더 자랑스럽단다.

이제 곧 있으면 일 때문에 멀리 떠나게 되는구나.

희곤아, 너를 정말 사랑해. 너의 존재 그 자체를 사랑한다. 그리고 부족한 엄마를 받아 줘서 정말 고맙다, 아들아.

김상배

**외진 산골에서 쌍둥이 아들을
서울대학교에 입학시킨 아버지**

세상을 등지고 아이들과 외딴 곳에 사는 10년 전의 나에게

"교육환경보다 더 중요한 건
부모의 관심과 노력이야."

김상배

●

대학에서 철학을 전공한 그는 1986년 대학 동창과 결혼해 이듬해 쌍둥이 형제를 얻었다. 부부는 아이의 이름을 금강산과 지리산에서 따와 강산과 지산이라 지었다. "산처럼 맑은 정기를 품은 사람이 돼라."는 바람에서였다.

●

하지만 아내는 아이들이 여섯 살 때 위암으로 갑자기 세상을 떠났고, 그는 어머니랑 아이들과 함께 정읍 산내면 황토마을로 이사했다. 황토마을은 섬진강댐 상류 옥정호 호숫가를 따라 형성된 고즈넉한 외딴 마을. 지인들은 아이들을 외딴 곳에서 키운다고 걱정했다. 그런 와중에 쌍둥이의 제안으로 공부방을 연 그는 인근 아이들까지 모아서 한자, 영어, 철학 등을 손수 가르쳤다.

●

쌍둥이가 고등학생이 되어 기숙사 생활을 하자, 동서양의 고전을 함께 읽으며 주말을 이용해 토론식으로 공부했다. 2006년 쌍둥이 형제는 서울대학교에 나란히 합격함으로써, 외로웠던 12년 간의 정읍 생활을 아름다운 시간으로 만들어 주었다.

●

아이들이 대학 생활을 위해 서울로 떠나자, 그는 어머니를 모시고 전주로 거처를 옮겨 생활하고 있다.

세상을 등지고 아이들과 외딴 곳에 사는 10년 전의
나에게

16년 전, 넌 서른네 살의 나이에
평생의 친구이자 동지인 아내를 저세상으로 떠나보냈지.
그때 넌 홀연 20여 년 간의 도시생활을 접고
정읍 산내면의 외딴 호숫가에 오두막 한 채를 지었어.
어머니랑 두 아이와 은거하기 위해서였지.
말이 은거지 실은 술로 세월을 보낸 거나 마찬가지였어.
그것도 아이들이 초등학교를 졸업할 때까지 그랬어.
생활비는 목수 일로 근근이 해결하며,
그저 떨어지는 꽃잎과 흘러가는 강물, 수면 위로 지는 달을

> 계절마다 피는 꽃들처럼
> 아이들도 잘 자라는 줄 알았어.
> 그런데 그것은 너만의 착각이었어.

동이 트도록 바라보며 살았지.
그때는 1년이, 한 계절이, 하루가 얼마나 길었던지…….
마당에 앉아 강물을 바라보고 있노라면
마치 시간도 풍경도 정지한 것 같았고,
그 순간이 영원인 것 같았어.
그토록 길고 아득하게만 느껴지던 세월 속에서도
봄이면 집 주위의 산비탈에는 생강나무 꽃이 피고,
진달래가 피고, 고사리와 취가 땅을 뚫고 나오고,
묵은 텃밭에는 앵초 꽃이 피었어.
그 꽃들처럼 아이들도 아무 일 없는 듯이
잘 자라는 것 같았어.
그런데 그것은 너만의 착각이었지.
강산이와 지산이가 중학교에 입학하던 날이었어.
점심시간이 지나도 아이들이 집에 돌아오지 않는 거야.

넌 그저 어정쩡하게 마당에서 서성였어.
입학식이 끝나면 곧 오겠지 싶어 그랬지.
그러다가 이웃에 사는 학생 어머니에게 전화를 했어.
그 어머니 말씀이 중학교부터는 오후수업을 하니까
도시락을 싸서 등교시켜야 한다는 거였어.
그러면서 쌍둥이 아빠는 그것도 몰랐느냐며 핀잔을 주었지.
그토록 난감하고 낭패스런 심정이라니!
그날 넌 집에 돌아온 아이들에게 밥을 먹인 뒤
서둘러 정읍 시내로 나갔지.
산내면은 면 전체에 초등학교와 중학교가 하나밖에 없는
오지였고, 학생은 한 학년에 한 반씩 있었는데
그 수가 대략 열대여섯 명쯤 되었지.
열대여섯 명이 초등학교 6년과 중학교 3년,
그러니까 무려 9년 동안 같이 공부하는 거였어.

김상배

> 도시락을 싸가야 한다는 사실조차 넌 몰랐어.
> 애들 엄마의 빈자리가
> 크게 느껴지는 순간이었지.

초등학교 때는 무료 급식하고 연필과 공책, 크레파스 등
학용품은 학교에서 지급하기 때문에 따로 살 필요가 없었어.
그런데 중학교는 달랐던 거야.
넌 미안한 마음에 마트에 들러 보온도시락을 하나씩 산 뒤
문구점으로 향했어.
문구점에서 연습장을 사는데 흰색 종이가
너무 고급인 것 같아 주인에게 누런 갱지로 만든
연습장은 없느냐고 물었지.
그러자 의아한 듯 널 쳐다보던 주인의 눈빛이 아직도 생생해.
주인은 세상물정에 어두운 듯한 널 안쓰럽게 쳐다보며
커피 한잔을 권했어. 그러고는 자신의 이야기를 해주었지.
두 딸을 전주에서 공부시키고 있다면서
자신의 경험담을 말했어.
초등학교 때 전주로 보낸 큰아이는

서울의 명문대에 들어가서
아르바이트를 하며 공부하고 있어서
부모로서 부담이 없다고 했어.
반면에 중학생일 때 전주로 보낸 작은아이는
중간밖에 하지 못한다는 거야.
그러니 아이들 공부시키려면 잘 생각하라고
충고 아닌 충고를 했어.
아이들 엄마의 빈자리가 아주 크게 느껴지는 순간이었지.
그날 넌 집으로 돌아오는 길에 아이들에게 물었어.
전주로 가서 중학교 다니고 싶지 않느냐고.
고맙게도 아이들은 아빠가 도와주기만 하면
시골에서도 잘할 수 있다고 대답했어.
참 고맙고 대견했지.
사실 넌 전주로 이사해서 살 자신도,

> "아빠가 어떻게 도와줄까?"
> "집에 일찍 오셔서
> 한문이랑 영어 좀 알려줘요."

아이들과 떨어져 살 용기도 없었거든.
네 도움이 필요하다는 아이들의 말에 넌 물었지.
"아빠가 어떻게 도와줄까?"
"집에 일찍 오셔서 한문이랑 영어 좀 알려 줘요."
"좋아. 그런데 너희들만 배우면 불공평하니까
너희 학교 아이들 중 아빠에게 배우고 싶다는
아이들이 있으면 모두 가르쳐 줄게."
"좋아요."
그렇게 해서 집에 야간 공부방이 차려졌지.
일주일에 세 번씩 인근 동네와
제법 멀리 떨어진 동네에서까지 열댓 명의 아이들이
찾아와 함께 공부했어.
초등학교가 있는 면소재지와 20리나 떨어져 있고,
동네와도 상당히 떨어진 외딴 섬 같은 우리집은

아이들 노는 소리로 꽉 채워졌지.
아이들의 얼굴에도 전에 없이 생기가 돌았어.
늘 밭에서 일하시는 할머니와
꼭두새벽에 나가면 밤늦게야 돌아오는,
그것도 술 한잔 떡 걸치고 돌아오는
아빠만 기다리던 아이들.
참 많이 외로웠을 텐데 내색을 하지 않던 아이들이
친구들과 같이 공부하면서 밝아진 거야.
축구선수가 꿈인 강산이가,
자동차 디자이너가 되는 것이 꿈인 지산이가,
커서 아빠처럼 목수 일을 해도 좋겠다던 아이들이
어느덧 천자문을 외우고 영문 소설을 읽으며
"아빠, 축구하는 것보다 농사일보다
공부가 제일 쉬워."라고 말했어.

김상배

> 영문 소설을 읽으며 아이들이 말했어.
> "아빠, 축구하는 것보다 공부가 쉬워."

그럴수록 넌 더욱 열심히 공부해야 했어.
아이들의 질문 수준이 점점 높아졌거든.
책을 많이 읽고 공부하지 않으면 아이들에게
망신당하기 십상이었지.
몸은 고됐지만 힘든 줄은 몰랐던 시절이었어.
아쉬움이 있다면 시간이 부족하다는 거였지.
그 시절 그곳은 참 눈도 많이 왔어.
겨울이면 사방이 눈으로 덮여 옴짝달싹할 수가 없었어.
밖에 나가 썰매 타는 것을 빼놓고는
삼부자가 할 수 있는 일이라고는 하루 종일 함께
책을 읽는 것뿐이었어.
온 산과 호수를 덮고 있는 눈을 내다보고 있노라면
탄식이 절로 나왔어.
언제쯤 눈이 녹아 차가 다니겠나 싶어 한숨이 나왔지.

그러면서 네 마음속 깊은 곳에도
겨울이 지나가고 있었던 거야.
6년 간 집에서 동네 아이들과 강산이와 지산이를 가르치며,
네 마음속에 아주 자그마한 희망과 보람의 싹이
트고 있는 걸 깨달았어.

그래, 그제야 넌 어렴풋이 깨달았어.
사람들은 외딴 곳에서 아이를 키운다고 걱정했지만,
정작 걱정해야 할 것은 바로 너였다는 것을.
네 슬픔을 다스리지 못해 아이들을 진정으로 사랑하지도
품지도 못하는 아비라는 사실을 걱정해야 했어.
사랑하는 아내를 잃은 슬픔이 매우 크다는 걸 이해한다만,
아이들을 위해 좀 더 힘을 내렴.
봄 햇살보다 따사로운 건 아비의 품이라는 걸 넌 알았잖아.

아이들에겐 유명 학원보다
아비의 노력과 관심이
더 큰 힘이 된다는 걸 너는 경험했잖아.

그 어떤 유명한 학원보다 아비의 노력과 관심이
아이들에게 더 큰 힘이 된다는 걸 너는 경험했잖아.

 **도시 생활이 더 좋다는
강산이 지산이에게**

너희들이 이곳 황토리를 떠난 지도 벌써 4년이 되었구나. 서울 생활은 어떤지 모르겠구나.

하긴 시골에서만 살다가 서울에서 생활하려니 힘들지 않아 하고 물었을 때, 너희는 이렇게 대답했지.

"서울이 더 좋아. 대학을 졸업하고도 서울에서 살 거야."

어린 시절을 보냈던 고창의 고향 마을을 그리워하며 도시 생활에 적응 못하고 방황하는 아빠에 비하면 얼마나 다행스런 일인가 하고 생각한단다.

너희는 전주에서도 기린봉 산자락의 암자였던 집에서 태어나 황토리로 이사가기 전까지는 산중에서 자랐지. 기린봉에서 황토리로 이사를 간다고 하니까 주변의 모든 사람들이 아빠를 말렸단다. 황토리는 기린봉보다 더 외진 곳이었거든. 그래도 아빠는 너희가 어릴 때 아니면 자연과 더불어 살 기회가 없다고 우기며 이사를 해버렸지.

지금도 너희 유치원 친구 한길이가 황토리 집에 놀러왔다 전주로 떠나는 장면이 눈에 선하단다. 한길이는 일요일이나 방학 때 놀러오곤 했지. 그때 마당에 서서 비탈길을 돌아 나가는 한길이가 탄 차를 바라보던 네 개의 처연한 눈망울들, 그때 아빠 가슴은 철렁 내려앉았단다. 얼마나 마음이 아프던지.

중학교 때 지산이가 아빠를 무안하게 했던 일도 떠오르는구나. 어느 날 지산이가 말했지.

"아빠, 저 책 무지 재밌어요."

아빠가 보던 세 권으로 된 『한국 철학사』를 무척 재밌게 읽었다고 말하는 지산이를 난 똑바로 볼 수 없었단다. 얼마나 너희들에게 무심했는지 그날 깨달았어.

어린이용 책 한 권 사다 줄 줄도 모르는 아빠, 그런 아빠와 함께 살면서 얼마나 답답했니? 그제야 아빠는 인터넷도 안 되고 텔레비전도 잘 안 나오는 집에서 너희들이 갇혀 지내면서 얼마나 심심했을까 하는 생각이 들었단다. 밖에 나가도 항상 그대로인 강물과 하늘, 그리고 날마다 보는 산과 나무밖에는 너희들에게 친구라곤 없었지.

그러나 아빠가 쉬는 날 너희들과 놀아 주는 것말고는 달리 너희들의 심심함을 덜어 줄 방법은 없었단다.

참 이기적인 게 인간인가 보다. 아빠는 너희들이 혹시 초등학교 시절의 그토록 길고 심심한 시간들을 그리워한 적은 없는지 궁금하단다. 그 시간들이 너희의 인생에 꼭 필요한 자양분을 차곡차곡 저축하는 시기가 아니었을까 생각한다면 아빠가 너무 이기적인 걸까?

"정말 좋다. 가슴이 뻥 뚫리네."

시골로 드라이브를 갔을 때 탄성을 지르던 너희들 모습이 눈에 선하구나. 전주에 내려오면 시골로 드라이브하기를 원했던 너희들을 보며, 아빠는 너희들이 언젠가는 자연과 함께하는 삶을 그리워할 거라고 확신한단다.

지금은 전주도 좀 답답하게 느껴지고 서울이 마냥 좋겠지만, 언젠가는 너희도 시골에서 살았던 그 시절을 그리워할 거라고. 당시는 정말 몹시 심심하고 지루한 시간을 보냈을 테지만, 전주 기린봉에서 황토리에서 보낸 시간들이 화인처럼 너희 가슴속 깊숙이 박혀 먼 훗날 자연과 함께하는 삶으로 회귀할 것이라고 생각해. 지금도 아빠는 그것을 어린 시절의 너희에게 준 가장 큰 선물이라고 생각한단다.

  서울 생활도 잘 즐기며 살기 바라지만 너무 각박해지지 말고, 힘들 때면 가끔 12년 간 바라보던 황토리의 강물과 하늘과 아침저녁으로 달라지는 풍경과, 마당에서 늠름히 자라는 느티나무와 그 한없이 심심하던 시간들을 떠올려 봐. 그 시간들이 온갖 도시적인 욕망으로 채워진 너희의 마음에 어떤 여백이나 안식을 만들어 줄 테니까.

이정숙

두 아들을 베스트셀러 저자로 길러 낸
전 KBS 아나운서

모두가 '아니오'라고 하는 일에 '예'를 선택한 나에게

"엄마가 흔들리면 애들 교육은 죽도 밥도 안 돼."

이정숙

●

에듀테이너 그룹 및 산하 '유쾌한 대화연구소' 대표. KBS 아나운서로 20년 간 재직하고 미국 미시간주립대학교로 건너가 스피치 이론과 커뮤니케이션 과정을 수료했다. 현재 '대화전문가'로 활동하고 있으며, 『유쾌한 대화법 1, 2권』, 『자녀를 성공시킨 엄마의 말은 다르다』, 『어린이를 위한 리더십 대화법』 등 40여 권의 책을 출간했다. 학부모들의 요청으로 2010년 9월부터 어린이 및 대학생 진로에 맞춘 대화법 교육을 실시할 예정이다.

●

두 아들을 키우면서 친구 같은 엄마가 아니라 존경받는 엄마가 되고자 노력했고, 아이들로 하여금 자기 일은 스스로 알아서 하도록 했다. 엄마가 너무 앞서 챙겨 주면 아이들은 엄마 이상으로 클 수 없다는 것이 그의 자녀교육에 대한 철학이다.

●

맏아들 조창연은 미시간대학교 건축과 학부와 대학원을 수석 졸업하고 뉴욕의 파킨스 이스트만 건축회사에서 일한다. 대학원 졸업 후 국내에서 『뉴욕에서는 길을 잃어도 좋다』는 책을 썼다.

●

작은아들 조승연은 미국 뉴욕 대학교 경영대학 스턴스쿨과 줄리어드 음대(야간)를 동시에 다녔고, 대학을 졸업한 후 프랑스 파리 에꼴 루브르에서 미술사를 공부했다. 7개 국어를 할 수 있으며, 파리 소재 영국계 경영 컨설턴트 회사(UnforZenMind)의 최연소 상임이사로 근무하던 중 군 복무로 일시 귀국했다. 『공부 기술』, 『어린이를 위한 영어 기술』, 『비즈니스의 탄생』, 『세상을 바꾼 천재 시리즈』, 『르네상스 미술 이야기』 등 13권의 책을 썼다.

모두가 '아니오'라고 하는 일에 '예'를 선택한
나에게

1980년대 초반, 너는 당시로서는 보기 드문 워킹맘이었어.
그것도 직업은 아나운서였어.
아나운서가 아이를 낳고
직장 생활을 계속하는 경우는 거의 없었지.
하지만 넌 기꺼이 결혼을 하고도 일을 놓지 않았어.
정말 하루하루를 전쟁 치르듯
심사숙고해 결정하면서도 신속하게 행동에 옮기고,
조금 느슨해질 시간도 없이 결단을 하며 살았어.
그러면서도 딱 한 가지는 분명했지.

'과연 무엇이 아이를 위한 선택일까?'

'무엇이 아이를 위한 선택일까?'
그때 네가 내린 결정들이 주변 사람들로부터
전부 지지를 받은 것은 아니야.
아니, 지지받은 것보다는 우려하는 목소리들이 더 많았어.
더구나 해봤던 일도 아니어서
모든 결정들이 꼭 성공할 것이라는 확신도 없었지.
하지만 넌 소신을 따랐어.
우왕좌왕하고 싶지 않았거든.
"바쁘고 안 바쁘고를 떠나서 엄마한테 뚜렷한 주관이 없으면,
애들 교육은 죽도 밥도 안 된다."
이렇게 가르친 친정어머니의 말씀을 굳게 믿은 덕분이지.
그중 아이들의 성장에 결정적인 영향을 미친 결정은 세 가지야.
지금은 덤덤하게 말할 수 있지만 당시에는 결코 쉽지 않았던
결정들이었지.

너도 알다시피 남들과 다른 결정을 내리려면 용기가 필요하고,
그 결정을 실천하려면 용기뿐 아니라 노력이 뒤따라야 하잖아.

첫 번째 결정은 초등학생인 두 아들에게

등록한 지 일주일 만에 주산학원을 그만두도록 허락한 일이야.
회사 일로 바쁜 너 대신 살림해 주는 아주머니의 연세도 높아
아이들은 학교 준비물조차 챙겨 가지 못하는 형편이었지.
그러니 모자라는 학교 공부를 챙긴다는 것은 꿈같은 일이었어.
그런데 큰아들 창연이가 분수를 배우기 시작하면서부터
문제가 생겼어.
아이가 분수 개념을 전혀 깨우치지 못하는 거야.
동생 승연이는 형보다 수학에 더 관심이 없었고.
넌 과외나 학원 정보에 능통한 친구들에게 전화해서
네 고민을 털어놨어.

> 성적을 올려야 한다는 욕심과
> 아이들이 싫어하는 일은 시키지 말자는
> 신념 사이에서 갈등이 컸어.

친구들의 답변은 한결같았지.
"정숙아, 애들을 방치하지 말고 주산학원에 보내 봐."
그랬어. 80년대 중반에는 주산학원이 아이들의 필수 코스였지.
요즘 영어학원에 다니는 것처럼 산수를 잘하기 위해서는
주산학원에 다녀야 한다고 모두들 생각했어.
그래서 넌 아이들을 친구들이 추천한
주산학원에 곧바로 등록시켰지.
아이들이 싫다는 것은 억지로 시키지 않던 네가
아이들 성적이 형편없이 떨어지니까
철칙이고 뭐고 다 던져 버린 거야.
물론 아이들은 싫다고 항변했지만 넌 엄마의 권한으로 묵살했어.
그때부터 아이들의 어깨는 축 처지고
말수는 현저하게 줄어들었지.
그 모습을 보고 넌 고민에 빠졌어.

산수 성적이 올라야 한다는 엄마로서의 욕심과
아이들에게 싫어하는 일은 시키지 않겠다던 신념 사이에서
갈팡질팡하며 고민을 했던 거야.
결국 넌 학원을 주선해 준 친구에게 전화를 해서
다시 자문을 구했지.
지금이라면 굳이 전화를 하지 않고 혼자서 결정했겠지만,
그때는 그렇게 못하겠더라고.
친구의 대답은 명쾌했어.
"학원 다니기 좋다는 애들이 어디 있어?
처음 학원 다닐 때는 다 그래.
그런 고비를 넘겨야 계속 다닐 수 있어. 참는 것도 공부 아니니?
야단 쳐서 그만두겠다는 말을 못하게 해야지.
엄마가 강하게 나가야 학원에 마음을 붙일 수 있는 거야."
친구의 속 시원한 조언에 따라 너는 불도저처럼 그냥 밀어붙였지.

"엄마가 강하게 나가야
학원에 마음을 붙일 수 있는 거야."
친구의 속 시원한 조언에 따라 너는 밀어붙였지.

아이들은 울상을 지으면서도 엄마의 기세에 눌려 더는 항변하지 못하고 그만 물러섰어.
그런데 학원 등록 일주일을 막 넘기던 날이지, 아마?
평소 말이 없는 편인 창연이가 볼멘소리로 항의하는 거야.
"주산학원에 더 이상 못 다니겠어요.
선생님이 우리더러 저능아래요."
하늘이 무너지는 기분이었지.

'앞길이 구만리 같은 어린애들에게 그런 막말을 하다니?'
창연이는 주산학원 선생의 말에 자존심을 크게 다친 듯했어.
너는 결국 참지 못하고 소리를 질렀어.
"뭐? 선생님이 그런 말을 했단 말이야? 당장 그만둬!"
지금 같아도 그런 일을 당하면 똑같이 소리를 지를 거야.
그 당시만 해도 남들이 알아줄 만큼 한성질했으니 오죽하겠어.
하여간 화가 솟구쳐 그렇게 내뱉었지만

여간 찜찜한 게 아니더라고.
그런 네 기분과 달리 두 아이는 동시에 만세를 부르는 거야.
이미 너는 말을 내뱉었고, 주사위는 던져진 거지.
주산학원을 그만두고 나서 보란 듯이
아이들의 수학 성적은 더 떨어졌어.
걱정이 훨씬 많아졌지.
수학이야말로 어릴 때 잡아 주지 않으면 따라가기
어렵다는 거야 엄마라면 누구나 알잖아.
넌 짬이 날 때마다 '어떻게 하면 아이들에게 스스로
수의 이치를 깨닫게 할 수 있을까?'에 대해 연구했지.
그러던 어느 날, 사무실에 누군가가 귤을 상자로 들여와
여러 개씩 나누어 주는 거야.
오랫동안 골똘히 생각하다 보면 어려운 문제도 풀 수가 있지.
귤 껍질을 벗기는데 번뜩 생각이 스쳐 지나갔어.

넌 짬이 날 때마다
'어떻게 하면 아이들에게 스스로 수의 이치를
깨닫게 할 수 있을까?'에 대해 연구했지.

'그래, 바로 이거야!'
너는 퇴근길에 귤을 잔뜩 사들고 들어갔어.
그때만 해도 귤은 상당히 비쌌어.
귤을 들고 들어가자 아무것도 모르는 아이들은
환호성을 지르며 좋아했어.
그때 넌 귤 까기 놀이를 해서 이기는 사람한테만
귤을 준다고 했지.

"자, 여기 귤이 하나 있어. 그런데 벗기니까 몇 개가 되었지?"
"열두 개요."
"그럼 이 중 한 개는 귤 하나 중 몇 분의 몇이지?"
이런 식으로 분수를 가르쳤어.
실물을 가지고 수 개념을 가르치니
아이들은 아주 쉽게 알아들었어.
귤 한 상자로 분수 공부를 마치고

덤으로 수학에 대한 흥미까지 얻게 되었지.

두 번째는 아이들 위주가 아니라
엄마인 네 위주의 미국 유학 결심이야.
네가 마흔이 되던 해였지.
다니던 회사에 더는 안주해선 안 되겠다는 생각이
조금씩 고개를 쳐들었어.
그 끝에 내린 결론이 미국 유학이었지.
그런데 막 중학교에 입학한 사춘기에 접어든 아이들이
마음에 걸렸어.
결국 넌 아이들 아빠와 어렵게 합의했어.
남편을 기러기 아빠로 만들기로 한 거야.
그때만 해도 기러기 아빠라는 용어도 없었지.
그만큼 아이들 조기 유학은 상당히 생소했어.

어떤 엄마가 자식보다 자신을 더 사랑하겠어?

너도나도 아이들을 너무 일찍 미국에서 공부시키면
정체성에 문제가 생긴다는 조언을 하며 말렸어.
아이들까지 데리고 낯선 나라에 공부하러 가는 것은 무모하다며,
널 걱정하는 사람들이 꽤 많았지.
어떤 엄마가 자식보다 자신을 더 사랑하겠어?
하지만 엄마가 있어야 자식도 있는 법이지.

넌 이 진리를 잊지 않았지.
더구나 자식을 위해 모든 것을 희생한 부모가 어쩔 수 없이
자식에게 의지하며 사는 모습을 많이 봐왔던 터라
너만은 그렇게 살고 싶지 않았어.
자식이 자리도 잡지 못했는데 정신적·물질적 보상을 바란다면
얼마나 쓸쓸한 일이야?
사람은 누구나 자기를 희생시키면
그만큼의 대가를 바라게 되어 있어.

그래서 너는 자식을 위해 너를 희생시킬 생각이 전혀 없었던 거야.
하여간 이기적인 생각처럼 느낄지 모르지만
지금도 좋은 생각이라는 데는 변함이 없어.
그 덕분에 네가 공부하러 떠난다는 계획을 먼저 세우고
아이들 문제를 나중에 놓고 볼 수 있었으니 말이야.
그런 만큼 미국 가서도 아이들을 돌본다는 핑계로
네 공부를 소홀히 할 수는 없었지.
사실 미국 학교에 들어가자 숙제가 어찌나 많은지
아이들을 돌볼 겨를도 없었어.
그래서 너는 아이들에게 너희가 스스로 살아남으면
미국에 남아 오래 공부할 수 있고,
아니면 애당초 엄마 계획대로 1년 후에 귀국할 것이니
공부하기 싫으면 미국에서 실컷 놀다가
귀국해서 한 학년 낮추면 된다고 말했지.

이정숙

> 모든 것을 희생한 부모가
> 자식에게 의지하며 사는 모습을 봐온 넌
> 자식을 위해 희생할 생각은 없었어.

아이들은 한참 자존심이 강한 나이인 중학생이어서
귀국 후 한 학년 낮춘다는 사실이 몹시 신경 쓰였던 모양이야.
놀라울 정도로 열심히 공부하더군.
이때 아이들은 스스로 공부하는 방법을 터득하고
혼자 살아남는 법도 배웠어.
그 결과 너는 예정대로 공부를 마치고 귀국하고
아이들은 미국에서 원하는 공부를 할 수 있었어.

세 번째는 결심이라기보다 '실천'이라고 할 수 있겠다.
넌 아이들이 뱃속에 있을 때부터 책을 사다 집 안에 쌓아 두었어.
아이들이 장난감 대신 책을 가지고 놀게 하고 싶었거든.
덕분에 우리 집 거실은 아이들이 서너 살이 될 때까지
완전히 책으로 파묻혔지.
책장에 가지런히 꽂힌 책은 거의 없었고.

아이들이 언제든지 책을 보고 만지도록
거실이나 아이들 방, 그리고 화장실에까지 책을 늘어놓았어.
아이들은 책을 던지거나 블록 쌓기를 하거나
주고받기를 하며 놀았지.
그리고 손님으로 오는 사람까지 합세해
어른들은 짬나는 대로 책 더미에서 한 권을 골라
아이들에게 읽어주어야 한다는 규칙을 세웠지.
그랬더니 언젠가부터 아이들도
마음에 드는 책을 뽑아 읽는 흉내를 냈어.
그럴수록 너는 더욱 열심히 책을 사모았지.
네 노력으로 아이들은 또래 아이들과 비교가 안 될 정도로
독서광이 되었어.
책이 주는 영향은 매우 커.
책을 쓰는 저자는 명예를 걸고

> 책이 주는 영향은 매우 커.
> 독서력이 곧 성공력이라는 공식은
> 깨지지 않고 있잖아!

알고 있는 거의 모든 지식을 책 안에 풀어 놓지.
오랜 세월을 걸쳐 사랑받은 책은 저자의 그런 노력이
시대를 뛰어넘어 독자들에게 감동과 지식을 전달하기 때문이야.
대단히 뛰어난 아이디어라는 것도 알고 보면
예전 누군가가 생각했던 것이 대부분이야.
책은 앞 시대의 누군가 생각하고 실행해 본
아이디어들을 알게 해주기 때문에,
책을 많이 읽으면 그런 아이디어를 기반으로
새 아이디어를 만들어 낼 수 있지.
당연히 다른 사람보다 앞선 생각으로 성공하기가 쉬워.
역사적으로나 전 지구적으로 보아도
독서력이 곧 성공력이라는 공식은 깨지지 않고 있잖아!
학교 공부는 역사를 뛰어넘는 방대한 지식들 중
가장 보편적이고 기본적인 것만 뽑아 압축한 것이기 때문에

독서를 많이 한 아이들은 학교 성적에
연연하지 않아도 저절로 높은 성적을 거둘 수도 있지.

앞에서도 말했지만 이 결정들은
당시 주변 사람들에게 상당히 무모해 보였고,
너 역시 성공을 장담할 자신은 없었어.
그러나 지금 같은 일이 되풀이되어도
비슷한 결정을 내렸을 것 같아.
이제 와 뒤돌아보니 엄마가 아이들을
일일이 챙겨 줄 것이 아니라 중요한 순간에
손을 놓는 것이 잘 기르는 방법이라고 생각해.
특히 너는 친구 같은 엄마가 아니라
존경받는 엄마가 되고 싶어하니까 네 주관을 갖도록 해.
다시 한 번 말하지만 엄마가 흔들리면

> 존경받는 엄마가 되고 싶다면
> 네 주관을 갖도록 해.
> 엄마가 흔들리면 애들 교육은 죽도 밥도 안돼.

애들 교육은 죽도 밥도 안 돼.

그러니 친정엄마의 말씀을 믿고

네가 가져야 할 소신을 찾아 나가길 바랄게.

 잘 자라준 두 아들에게

"어쩌면 그렇게 두 아들을 훌륭히 키우셨어요?"

창연아, 승연아, 너희 덕분에 엄마는 종종 사람들로부터 이런 질문을 받는단다.

솔직히 이런 말이 듣기 싫지는 않지만 들을 때마다 무척 민망한 건 사실이야. 내가 잘 키운 게 아니라 너희들 스스로 자란 것인데 그걸 설명하기가 쉽지 않아 얼버무리곤 해. 그래서 한동안은 누군가 위와 같이 물으면 이렇게 대답했어. 평범한 아이들에 평범에 못미치는 엄마였다고. 엄마인 나도 잘 자라준 아이들이 고맙고 대견하다고.

그동안 너희들에게 말로 표현하지 못했는데 이렇게 잘 자라 주어 고맙다. 가끔 엄마도 너희들이 자랑스러울 때가 있어.

속 깊은 승연아,

2000년 여름, 너를 만나러 뉴욕에 갔던 때를 잊을 수가 없구나.

IMF 여파 때문에 미국에 있는 너희들에게 학비를 보내지 못하고 간신히 항공료를 만들어 휴학 중이던 너를 찾아갔지.

당시 네 좁은 뉴욕 아파트는 찜질방보다 더 무덥더구나. 더위를 견디지 못한 내가 싸구려 에어컨이라도 달자고 했더니, 너는 한사코 괜찮다고 했어. 엄마가 없으면 센트럴파크에 가서 사람들하고 장기 두며 시간을 때우면 된다고 말하며 말이야. 그리고 말끝에 이런 말을 덧붙였지.

"엄마 고추장이 그렇게 싸고 맛있는 줄 몰랐어요. 20불만 주면 한 달을 버텨요. 20불짜리 쌀 한 자루하고 20불짜리 고추장만 있어도 한 달을 버틸 수가 있다니까요."

서울에서 부쳐 준 돈으로는 뉴욕에서 하루 한 끼 정도를 때우기도 힘들다는 말을 어쩜 그렇게 착하게 말하는지. 그런 네 모습을 어떻게 잊을 수 있겠니?

또 비자가 안 나올지도 모른다는 말에 휴학도 못하고 전전긍긍했던 때는 어떻고. 당시 미국은 9·11테러 때문에 비자 문제를 까다롭게 다루었지. 한국계 미국 변호사는 우리에게 군 입대하기 위해 귀국하면 나중에 비자를 받지 못할지도 모른다고 말했어.

그 말만 믿고 너와 형은 그곳에 있으면서 무척 고생했지. 창연이 역시 집세를 몇 달씩 내지 못했고, 먹성이 좋은데도 식비조차 늘 달랑달랑해서 간신히 연명하는 정도였지. 그러면서도 내가 알면 속상할까 봐 절대로 내색하지 않았어. 대신 비행기 시뮬레이션 동아리 아이들하고 컴퓨터 채팅하며 대형 비행기 만드는 일을 해서 재미있게 지낸다고 말했을 뿐이지.

나는 그때 '내가 정말 자식을 잘 길렀구나.' 하고 자부심을 느꼈단다. 그러면서도 고생이라곤 모르던 너희들이 그처럼 어려운 시절을 보내야 한다는 것이 늘 마음 아팠지. 이런 엄마의 마음을 승연이 너는 곧잘 읽어 냈어.

그런 네가 책을 써서 학비를 벌겠다고 말했지. 그리고 『공부 기술』

을 써서 한국 교육계에 자기 주도 학습 바람을 일으켰고, 네 학비는 물론 형 생활비 일부까지 해결했지. 그때 일을 떠올리면 지금도 참 고맙고 한편으론 미안하단다. 밤을 새워 공부해도 학점 따기가 어려운 학교에 다니면서 책을 썼으니, 얼마나 힘들었을지 엄마는 미루어 짐작만 할 뿐이란다.

또 줄리어드 야간에도 들어가 좋은 성적으로 공부를 마친 것도 엄마로서 참 뿌듯했어.

자랑스러운 장남 창연아,

복학 후 밤잠을 쪼개 가며 공부해서 전액 장학금을 받고, 대학을 수석 졸업한 자랑스러운 아들 창연아,

네 덕분에 엄마의 어깨가 으쓱 올라간 거 알고 있지? 대학뿐만 아니라 대학원을 전액 장학생으로 다니고 역시 수석 졸업을 해 졸업식장에서 많은 학부모들의 축하를 받았던 때를 떠올리면 지금도 가슴이 뛴단다. 『뉴욕에서는 길을 잃어도 좋다』라는 건축가다운 시선을 잘 살린 뉴욕에 관한 책을 써서 좋은 반응을 얻은 것도 기쁘고.

그러나 엄마는 이 모든 것들보다 너희들이 엄마에게 마음을 털어놓고 뭐든지 다 말하는 것이 가장 고마워.

좋은 영화 나오면 보라고 알려 주고, 새로운 기술이 출시되면 미리 알려 주는 것이 엄마한테 얼마나 도움이 되는지 몰라.

승연이가 꼭 보라던 〈튜더스〉, 〈로마〉 등 텔레비전 시리즈, 창연이가 꼭 보라던 오바마 연설 동영상, 영화 〈Up In The Air〉 등은 엄마가 책 쓰고 강의하는 데 매우 요긴하게 쓰고 있어.

다른 엄마들처럼 엄마가 희생을 하지 않았는데도, 너희들이 이렇게 멋지게 자라 줘서 엄마는 세상에서 가장 행복한 엄마가 되었단다.

공부뿐만 아니라 곧은 심성을 가졌고 국제사회의 새로운 트렌드를 모두 너희들로부터 배울 수 있으니, 나처럼 행복한 엄마도 없을 거야. 엄마를 행복하게 만들어 준 두 아들들, 앞으로도 직장에서 인정받고 중요한 일도 척척 해내는 멋진 사람이 되길 바랄게.

너희 둘 모두 엄마와 멀리 떨어져 있어서 건강이 제일 염려되는구나. 특히 창연이는 외국에 있어서 엄마가 해줄 수 있는 게 별로 없어

안타깝단다.

바쁘다고 끼니 거르지 말고 건강에도 신경쓰기 바랄께.

에 필 로 그

'부모 노릇'이란 게 정말 호락호락하지 않지요?

솔빛별 가족 아버지 _ 조영호

20여 년 전, 텔레비전 프로그램 가운데 〈우정의 무대〉란 인기 프로그램이 있었습니다. 방송 중 출연자(군인)나 시청자들은 꼭 한 번씩 눈시울을 붉히곤 했는데, 그건 〈엄마가 보고플 때〉라는 노래를 장병들이 부를 때였습니다. 늘 씩씩하게만 보이는, 또 기율이 엄정한 군인들의 눈에서 눈물을 뽑아 낸 단어는 '어머니'란 세 글자였습니다.

지금도 길거리에 나가 "내가 가장 존경하는 사람은?"이란 설문조사를 하면, 열 명 중 절반쯤은 "우리 엄마, 혹은 우리 아빠!"란 답을 하리라 믿습니다. 자식들이 외치는 "우리 엄마, 우리 아빠!"란 말 속에는 존경의 유전인자가 내재되어 있습니다. 즐거웠던, 혹은 가슴 아팠던 수많은 추억들이 '엄마'와 '아빠'라는 단어와 접합되어 있는 까닭에, 사람들은 '우리 부모'를 그 누구보다 더 존경하지 않나 싶습니다.

그처럼 존경받는 자리라서 그런가요. '부모 노릇'이란 게 정말 호락호락하지 않습니다. 부모가 되기는 쉬워도 '좋은 부모'가 되기는 무척 어렵다는 얘기이지요. 또한 '좋은 자녀' 노릇하기도 쉽지 않습니다. 하지만 부모든 자식이든 자신의 욕심과 기대치를 조금만 낮춘다면 뭔가 길이 보이지 않을까 생각합니다. 부모에게, 그리고 자식에게 너무 높은 기대를 하게 되면 서로 상처를 주고받게 되기 십상이니까요.

여기 글을 써주신 부모님들의 글에서도 여러 번 나오지만, 자식이 얼마나 잘 자라 주나 하는 것은 부모가 자녀들을 믿어 주는 꼭 그만큼이라 생각합니다. 밭에 심어 놓은 농작물이 잘 자랄 수 있도록 만드는 힘은 농부의 믿음에서 나온다고 합니다. 식물이 병충해로 잘 자라지 못할까 봐 농약이나 화학비료를 뿌리는 것은 그만큼 농부가 식물을 믿지 못한다는 증거이겠지요. 병충해 따위 거뜬히 이겨 낼 수 있다는 믿음으로 정성껏 돌보고 지켜 준다면, 식물이 농약에 찌드는 일도, 화학비료로 땅이 망가져 식물이 허약해지는 일도 없을 겁니다.

　세상에 어느 부모가 자기 자식을 사랑하지 않겠습니까? 또 자식이 훌륭하게 성장하기를 바라지 않겠습니까? 자녀들이 훌륭하게 잘 자라도록 매순간 고민하고 결정하고 애써 온, 책 속에 등장하는 부모님들의 고뇌와 결단이, 모쪼록 그와 유사한 고민과 결정과 노력을 하고 계실 이 땅의 많은 부모님들께 조금이나마 위로와 도움이 되길 바랍니다.
　아울러 미래에 부모가 될 우리 자녀들이 이 글을 읽고 자신의 부모님들을 더 잘 알 수 있는 기회가 되었으면 하는 마음입니다.